대학에서 예수님을 만난 후,
자신의 삶을 주께 드린 사람이 있습니다.
그는 아내 김연희 선교사와 두 아들을 사랑하고,
캠퍼스 제자들을 위해 헌신했습니다.
그는 제자들선교회 선교사들을 존경했습니다.
나는 그를 오랫동안 기억할 것입니다.
이제 주님의 부름을 받고 천국으로 간
나의 귀한 동역자 고㊧ 홍순명 선교사에게
이 책을 드립니다.

이단대처를 위한
무한도전

지은이 김주원
초판발행 2012년 12월 22일

펴낸이 배용하
책임편집 윤순하
등록 제364-2008-000013호
펴낸곳 도서출판 대장간
www.daejanggan.org
대전광역시 동구 삼성동 285-16
전화 (042) 673-7424 전송 (042) 623-1424

ISBN 978-89-7071-277-2

이 책은 저작권법에 의해 보호를 받는 출판물입니다.
기록된 형태의 허락 없이는 무단 전재와 복제를 금합니다.

 값 8,000원

이단대처를 위한 무한도전

김주원 지음

추천사_1

요한계시록에 대한 이해에 있어 아주 성경적

교회의 역사를 일견하면, 교회의 역사만큼이나 이단의 역사도 오래되었고, 복음이 선포되어 그리스도인이 생기고 교회가 세워지는 곳이면 어디나 진리를 이상하게 왜곡하여 가르치는 이단의 활동이 있어 왔음을 알 수 있습니다. 때문에 요즘 한국교계에 이단이 활개 치는 형국이 새삼 새로운 현상이 아니기도 합니다. 하지만, 최근 들어 한국교회에 끼치는 이단들의 형태는 참으로 심각한 수준이고, 더욱이 어떤 이단집단들은 아주 치밀하고 고의적으로 기성교회와 교인을 노골적으로 목표로 삼고, 교회와 성도들을 혼란에 빠지게 하기도 합니다. 게다가 이단집단은 가장 기본적인 상식이나 윤리적인 태도조차 의도적으로 무시하기까지 할 뿐 아니라 법적인 다툼까지 조금도 주저하지 않으면서 한국교회를 어지럽히곤 합니다. 예수 그리스도의 십자가 보혈로 구속함을 받아 세워진 이 절대적으로 고귀하고 소중한 교회들을 어렵게 하고 상처를 주는 이단집단들의 행태는 한마디로 어이가 없을 지경입니다.

그럼에도, 교회는 신실하게 복음을 선포할 뿐만 아니라 수고스럽지만 이단들의 거짓되고 사악한 활동으로부터 보호하는 사역을 적극적으로 감당해야할 소명을 받고 있습니다. 이와 같은 한국교계의 상

추천사_1

황과 필요가 있는 요즘 김주원 목사님의 책을 끝까지 읽고 덮으면서 그야말로 기다렸던 바로 그 책이구나 하는 마음이 들었습니다. 이 책은 크게 세 가지의 강점을 지녔다는 생각이 들었습니다. 첫째는 우리의 현실을 아주 구체적이고 생생하게 담아낸 것입니다. 둘째는 복음 전도와 양육의 현장에서 오랫동안 그리스도인을 섬겨온 저자가 이단과 관련하여 직접적으로 씨름하고, 해결하고, 돕고 있는 이야기를 중심으로 집필했다는 것입니다. 그리고 마지막 셋째는 무엇보다 이 책은 매우 건전하고 복음적인 성경 이해의 관점을 견지한다는 것입니다. 특히 요한계시록에 대한 이해에 있어 아주 성경적이고 건강합니다. 따라서 이 책은 오늘날 한국교회의 이단에 대해 실제적으로 이해하고 대처하는데 도움을 줄 수 있다고 확신합니다. 더 나아가 이단문제에 대해 크게 관심 없는 그리스도인이라고 할지라도 신앙을 견고하게 하는데 필요한 책이라고 생각합니다. 이 책을 통해 한국교회가 참으로 많은 신앙의 유익을 얻기를 바라는 마음으로 적극 추천합니다.

오 정 현 목사
사랑의교회 담임
국제제자훈련원 원장

추천사_2

이단대처를 위한 "진검승부"와 "무한도전"

이단대처는 정보knowledge와 경계awareness가 중요하다. 이단에 대한 공신력 있는 정보를 가지고, 이단의 미혹을 경계할 때, 가정과 교회가 순결하게 지켜질 수 있다.

초대교회는 교회의 아버지敎父들의 영적지도력 아래서 이단으로부터 교회를 지켰다. 이단의 오류를 지적하는 것이 목적이 아니라, 교회가 무엇을 믿는지를 가르치는 것이 목적이었다. 오늘날 김주원 목사와 같은 신실한 신앙인들이 곳곳에서 이단과 힘겨운 씨름을 하고 있다. 이들 역시도 이단비판을 목적으로 하는 것이 아니라, 올바른 하나님 말씀의 선포를 목적으로 한다. 이것이 바로 변증이고 신학이다.

김주원 목사는 『이단대처를 위한 진검승부』를 통해 이단대처를 위한 지혜를 많은 사람과 나누었다. 그리고 이번에는 『이단대처를 위한 무한도전』으로 '이단의 미혹', '피해자의 아픔' 그리고 '올바르게 성서를 바라보는 눈'을 우리에게 전해주고 있다.

교회의 본질은 '이단정죄'가 아니라 '치유와 회복과 사랑'이다. 『이단대처를 위한 무한도전』이 예수님에 대한 첫사랑을 지켜 나아가도록 많은 사람을 돕는 무한도전이기를 소망한다. 김주원 목사의 이단대처를 위한 "진검승부"와 "무한도전"이 주님 다시 오실 때까지 멈추지 않기를 소망하며 이 책을 추천한다.

탁 지 일 교수
월간 현대종교 편집장
부산장신대학교 교수

추천사_3

이단의 정체는 말 그대로 적敵그리스도

　말세지말末世之末을 살아가는 지금, 목회현장에서 가장 절실하게 안고 있는 문제 중의 하나가 교회를 무너뜨리려는 이단세력의 막무가내식 교회 침투이다. 이단에게 피해를 본 목회자와 교회는 그 때에야 비로소 '미리 예방을 했더라면' 하는 후회와 '세상에 이렇게 악랄할 수가 있느냐?' 하는 한탄의 목소리를 토해낸다. 이단의 정체는 말 그대로 적敵그리스도이다. 교리가 다른 기독교의 한 집단이 아니다. 이들은 그리스도의 적이요, 교회의 적이요, 성도의 적이다.

　이단의 교리를 접했거나 거기에 물든 성도는 영적 바이러스에 감염된 심각한 상태에 빠지게 된다. 혹시 그들이 회심하고 돌아왔다고 해도 이들을 치유해주지 않으면 결국 이들은 영적으로 병든 채 교회의 변방에 서 있거나, 교회의 비판세력으로 전락하는 것이 오늘의 현실이다. 그러므로 이단의 대처와 예방이 절실하게 필요하다.

김주원 목사님은 선교단체의 청년사역자이자 현장에서 수많은 이단의 영적도전 앞에 방패 역할을 했던 실전적 사역자이다. 김주원 목사님이 몇 년 전 우리교회에 출석 하면서 알게 되었지만, 그의 사역은 한국교회뿐 아니라 해외에서까지 지대한 영향을 주고 있다. 이번에 출간되는 『이단 대처를 위한 무한도전』은 다시 한 번 교회와 성도들에게 경각심을 일깨우고 대처할 수 있는 힘을 불어 넣을 것이다. 이 책이 하나님의 나라를 올바르게 세워가는 데 크게 기여할 것을 확신한다.

임 동 헌 목사
광주첨단교회 담임

신앙적이고 구체적인 안내서

요즘 이단에 대한 문제가 교회마다 화두가 되고 있습니다. 젊은이뿐만 아니라 모든 성도에게 비상사태를 선언해야 할 판입니다. 이런 때에 김주원 목사님을 만나는 특별한 하나님의 은혜가 있었습니다. 그것은 목사님의 두 아들 성종이와 명종이가 우리 교회의 어린이 집을 다닌 것입니다. 그리고 어느 날 목사님을 뵈었을 때 첫 인상이 이웃 집 아저씨처럼 너무 순박하고 다정한 분이셨습니다. 목사님에 대한 저의 첫 인상은 지금도 머리에 고스란히 남아있습니다.

김주원 목사님은 겸손하십니다. 정직하십니다. 섬김을 아십니다. 그리고 은혜가 늘 넘쳐서 이웃과 함께 나누십니다. 무엇보다 하나님을 사랑하고 예수님을 사랑하며 교회를 지극히 사랑하십니다. 그래서 기쁜 마음으로 이 책을 추천합니다.

목사님은 캠퍼스와 교회라는 현장에서 경험하며 보고 들었던 내용을 아주 쉽고 정확하게 꿰뚫어서 신앙 안에서 성경적으로 설명하고 있고 또한 쉽게 가르쳐주고 있습니다. 특별히 김주원 목사님은 자녀들을 생각하면서 이 글을 쓰셨고 젊은이들을 염려하면서 이 글에 정성을 담으셨음을 알 수 있습니다. 글 중에 "초등학생도 이해할 수 있는 강의를 해야겠다고 다짐했다"는 글을 보면서 왜 목사님의 글이 쉽게 와 닿았는지를 알 수 있었습니다. 그래서 저는 이 책을 하루에 모두 읽었습니다. 그리고 이단에 대한 내용들을 정리할 수 있었습니다.

많은 책이 주변에 있지만 이단에 대한 문제를 고민하고 계시는 모든 그리스도인에게 『이단대처를 위한 무한도전』은 신앙적이고 구체적인 안내서가 되어 어떻게 이단을 분별하고 대처해야 하며 그들에게 속지 않을 수 있는지를 쉽게 가르쳐 줍니다. 그래서 이단 문제로 고민하는 모든 분에게 이 책을 꼭 안겨드리고 싶기에 기쁜 마음으로 적극 추천합니다.

임 춘 수 목사

광주산수교회 담임

현학적인 교리 지침서가 아닌 실제적인 도움이…

　교회가 예루살렘과 안디옥에서, 로마와 알렉산드리아에서 시작될 때부터 교회의 신앙과 고백의 역사는 끊임없이 자신을 변증해왔던 역사입니다. 그리스도의 신부이며 그리스도의 몸으로 세움 받은 교회는 세상으로부터 구별되었기에 세상에 대해 자신을 설명해야 했던 것입니다. 그래서 항상 문화와 시대의 옷을 통해 교회와 전통에 대한 도전에 올바르게 응답해왔던 교회의 전통이 오늘 또다시 귀한 하나님의 사람 김주원 선교사님을 통해 새롭게 쓰여집니다.
　하나님의 말씀은 상황과 떨어져 존재하지 않았고 기독교 신앙은 구체적이고 특정한 문화·종교적 맥락에서 이루어져 왔습니다. 상황은 전통과 함께 기독교 신앙의 실제적이고 본질적인 요소입니다. 초대교회부터 중세와 종교개혁시기를 거쳐 근대까지의 신앙인들의 삶은 이러한 재해석과 재구성의 작업이었습니다. 기독교는 새롭게 문제가 제기될 때마다 전승된 기독교 전통을 갱신하면서 새로운 생명력을 공급받았는데, 여러 가지 신앙의 다양한 모습 역시 기독교 전통을 당면한 현실에 적합하도록 재해석하고 재구성한 것입니다.
　김주원 선교사님을 통해 발간 된 이 책은 하나님께서 이 시대를 향해 말씀하시는 교회의 한 대답이 될 수 있을 것입니다. 시대마다 새롭게 말씀하셨던 하나님의 말씀은 이 책을 통해 젊은이들의 문화와 영적인 요청에 대답하시며, 갈수록 교묘하게 성도들을 미혹하는 이단의 도전에 어떻게 대응할 것인가를 깊이 고민하시는 목회자들과 영적 리더들에게 주시는 이 시대의 변증입니다.

  저자가 실제로 체험한 귀한 경험들이 녹아나 현장의 목소리가 생생하게 살아있는 1부의 내용은 저자의 체험이 뒷받침되어 목회자들과 이단에 대해 고민하는 많은 평신도 지도자에게 신학자들의 현학적인 교리 지침서가 아닌 실제적인 도움이 되는 살아있는 지침이 될 것입니다. 또한 2부에서는 이단들의 전매특허처럼 오해받는 요한계시록을 명쾌하고 일목요연하게 정리하여, 이단에 대한 반박자료 뿐만 아니라 성경을 더 깊이 이해하고 묵상할 수 있는 귀한 도움이 될 것입니다.

  그 어떤 시대보다 격렬하고 교묘한 방법으로 성도들을 미혹하고 영적인 어두움이 극심해져 가는 이 시대에, 하나님께서 귀하게 쓰시는 김주원 선교사님을 통해 실제적이고 목회 현장에서 바로 적용할 수 있는 자료집이 출판된 것을 진심으로 감사하며 축하를 드립니다

최 태 훈 목사
나주교회 담임

이단들의 잘못된 시각을 자세히 말해줌으로써

목회 현장에서 느끼는 이단의 폐해는 사람들이 생각하는 것보다 훨씬 더 심각하고 치명적입니다. 한번 신천지의 피해를 입은 교회는 한동안 성도들 간에 신뢰가 무너져 서로를 의심하게 되고, 목회자는 허탈감에 목회 의욕을 잃곤 합니다. 소위 말하는 '멘붕상태'가 되는 것입니다. 이런 일이 생기지 않도록 하려면 정기적으로 이단 예방 세미나를 하고, 말씀을 전할 때 마다 기회가 되는 대로 이단의 문제들과 그들의 주장이 얼마나 허무맹랑한 것인가를 가르치고 그 폐단을 강조하는 것 밖에 다른 왕도가 없습니다.

이런 일들을 지속적으로 해 오신 분이 바로 오늘 이 책의 저자인 김주원 목사님이십니다. 먼저 출간된 두 권의 책을 통해서 많은 목회자와 독자가 큰 도움을 받았을 것입니다. 저도 김주원 목사님의 강의와 책을 통해 많은 도움을 받은 수혜자 중 한 사람입니다. 그런 제가 김주원 목사님의 세 번째 책의 추천사를 쓰게 된 것은 저에게는 큰 영광이 아닐 수 없습니다.

특별이 이번 책은 이단의 실태와 피해 사례를 열거하고 경고하는 일에서 한발 더 나아가, 이단들이 주장하고 가르치는 '요한계시록'을 어떻게 바르게 이해하고, 이단들의 주장이 왜 잘못되었는지를 구체적으로 소개한다는데 큰 특징과 강점이 있습니다. '이단들이 잘못되었으니 가까이 하지 말라' 고만 하면 성도들은 구체적으로 그들의 무엇이 잘못되었는지 궁금해 합니다. 그런데 이렇게 요한계시록을 해석하는 바른 시각을 알려주고 이단들의 잘못된 시각을 자세히 말해준다면, 성도들이 올바른 신앙생활을 할 수 있을 뿐만 아니라 더 이상 이단의 유혹에도 넘어가지 않을 것입니다.

현장에서 목회하는 한명의 목회자로써 이 책을 독자 여러분께 기꺼운 마음으로 추천합니다. 모쪼록 이 책을 통해 이단의 실체와 잘못된 가르침의 내용을 정확히 알고, 절대로 이단의 사설에 마음이나 영혼을 빼앗기지 않기를 기도합니다.

이 재 환 목사
광주성지교회 담임

귀중한 길잡이가 되며 경계의 나팔이 될 것

저자는 오랫동안 대학교 캠퍼스 사역을 하면서 오늘날 젊은이들에게 무차별적으로 공격을 펼치는 이단들을 온 몸으로 막는 일에 수많은 경험을 해왔습니다. 새벽이슬 같은 청년들이 이단의 마수에 걸려들어 그들의 젊은 인생을 망가뜨리는 안타까운 모습을 방치할 수 없기에 저자는 이단에 효과적으로 대처하기 위해 이단연구에 많은 시간을 들였습니다. 그리고 이제 이 역작에 그의 연구결과를 간결하면서도 매우 현장감 넘치게 담았습니다.

이단 문제는 단순히 젊은이들에게만 문제되는 것이 아닙니다. 복음 안에 담긴 영원한 생명을 훼손시키고 하나님의 소중한 영혼들을 멸망시키려는 악한 마귀의 음모가 이단들을 통해 교묘히 작동하고 있음을 경계하는 모든 사람에게 이 책은 매우 귀중한 길잡이가 되며 경계의 나팔이 될 것입니다. "우는 사자와 같이 삼킬 자를 두루 찾는" 이단들, 그리고 광명한 천사 같이 사람들을 교묘히 유혹하고 진리로부터 어그러지게 하는 이단들을 분별하여 영혼과 복음과 진리를 지키는 일에 이 책이 큰 도움을 줄 것임을 확신합니다. 모든 영적 지도자는 물론이고 모든 그리스도인에게 이 책을 강력히 추천하는 바입니다.

박 영 철 교수
전신자사역훈련원 원장
침례신학대학교 교수

목 차

추천사   4
머리말   19

01 미혹하는 영에게 무한도전하라!

01_ 선전포고   25
02_ "내가" 복음서   33
03_ 대개   41
04_ 감언이설甘言利說   48
05_ 시나리오 작가 지망생   54
06_ 적반하장   64
07_ 전도하다가 만난 언니   69
08_ 선교하러 나갑니다   74
09_ 우리 아이가 대학에 들어갔어요   79
10_ 응답하라 1993   88

02 요한계시록에 무한도전하라!

11_부탁	93
12_요한을 아시나요?	96
13_요한복음과 일곱 표적	98
14_요한복음과 일곱 I AM	106
15_요한계시록과 일곱	109
16_장르	116
17_교회를 위한 책	126
18_누가 옵니까?	131
19_선입견	135
20_인침을 받은 자들	139
21_이기는 자	147
22_두 증인	153
23_육백 육십 육	159
24_바벨론	164
25_노래	167
26_증거 장막의 성전	172
27_어린 양의 혼인 잔치	177
28_성령과 신부	184

| 머리말 |

"겸손"과 "최선"

두 번째 책 『이단대처를 위한 바이블로 클리닉』이 나온 후, 지인들에게 선물로 줬다. 신안교회 청년부를 맡고 있는 김건태 목사님을 만났다. 목사님은 내게 다음 책에 대한 계획을 물었다. 사실 두 번째 책이 내 인생의 마지막 책이라고 생각했기 때문에 별다른 계획이 없다고 말했다. 그는 내게 종말론 입장에서 이단을 예방 할 수 있는 책이 나오면 좋겠다고 제안했다. 그 순간 내 안에 잠자고 있던 생각이 깨어났다. 한 번 더 책을 집필하게 된다면 종말론, 특별히 이단의 전매특허처럼 되어 버린 요한계시록을 중심으로 써 보겠다고 결심했다.

어느 날 아침, 아버지께 전화를 드렸다. 평소 아들이 이단예방강의를 하는 것에 대해 부담을 많이 가지고 계신다. 한편으로는 현재 지역교회들을 위해 필요한 사역이라는 것을 알지만, 혹시라도 흉한 일이 생길까봐 걱정을 많이 하시는 것이다. 전화를 드린 그 날 아침, 이런 말씀을 하셨다. "이제 이단예방강의 말고 다른 방향으로 연구하고 준비해 봐라." 나는 아버지께 대답했다. "네, 걱정 마세요. 이단연구 외에 다른 것도 준비하고 있습니다." 내 말을 들은 아버지는 어떤 것을 준비하느냐고 물었다. 나는 자신 있게 요한계시록 연구를 하고 있다고 말씀드렸다. 그리고 요즘은 이단예방세미나 외에 요한계시록 특강도 지역교회 초청을 받아 강의 한다고 말씀드렸다. 아버지 목소리는 그다지 밝지 않았다. 이단예방강의나 요한계시록 강의나 별반 차이가 없다고 생각하신 것 같다. 혹시라도 요한계시록에 대해 이상한 주장이라도 하는 날엔 당장 이단으로 매장되는 사례를 많이 보기 때문이다. 나는 본의 아니게 아버지께 또 다른 걱정거리를 안겨 드리게 되었다. 그래서 항상 나 자신에게 겸손하고 성실하게 말씀을 연구하고 강의하자고 말한다.

캠퍼스에 제자들과 함께 있다 보면 이단의 활동이 얼마나 왕성한지 알 수 있다. "선교사님, 제가 학교 올라오는데 신천지 만났어요.", "선교사님, 오늘은 하나님의 교회 아줌마들 만났어요. 제게 영상을 하나 보여 준다고 하면서 잠깐 듣고 가라고 말했어요.", "선교사님, 학교 후문 쪽에 구원파가 진을 치고 있어요. 아프리카 봉사단 모집한다고 지나가는 사람들 붙잡고 설명회하고 있어요." 심지어 수백 명의 이단 신도들이 캠퍼스에 들어와서 포교활동을 하기도 한다. 학교 담당자들도 어떻게 손 쓸 방법을 찾지 못한다. 이런 상황을 보면서 안타까운 마음에 어떻게 해야 할지 고민만 늘어간다. 그런 내게 주께서 두 가지 방법을 주신 것 같다. 하나는 바른 신앙생활 세미나라는 이단예방교육이다. 또 다른 하나는 이단예방과 관련한 책을 쓰도록 한 것이다. 캠퍼스와 지역교회의 상황들을 보면서 겸손과 최선이라는 자세로 두 가지를 감당하려고 노력한다.

이번 『이단대처를 위한 무한도전』은 크게 두 가지 내용으로 구성하였다. 1부는 캠퍼스와 지역교회에서 경험한 사례들을 이야기 식으로 기술했다. 2부는 이단들이 요한계시록을 인용할 때 신자들을 미혹하는 구절과 단어를 중심으로 올바른 해석이 무엇인지 알려 주려고 노력하였다. 요한계시록에 대한 선입견 때문에 읽지 못하는 성도들에게 조금이나마 도움이 될 것이라고 생각한다. 이 책은 요한계시록 주석서가 아니다. 요한계시록을 더 알기 원한다면 필자가 참고했던 책들을 읽어보길 바란다. 그러면 요한계시록에서 말씀하고 있는 하나님의 뜻을 충만하게 이해할 수 있다고 확신한다.

늘 그랬듯이 고마운 사람들이 함께 있어서 행복하다. 아버지, 어머니 그리고 아내 민혜영과 세 아이들에게 감사한다. 영원한찬양선교단 한재영 선교사님, 새빛침례교회 박상재 목사님과 성도들, 침례신학대학교 이명희 교수님께 감사를 드린다. 한광여고 김영애 선생님, (주)예람 강사돈 대표이사님, 아회 강태수 사장님, 사랑하는 친구 강정희, 강상국 선생님, 안동현 선배님, 민성식 선생님, 오영진 선배님, 꿈이 있는 교회 신민섭 목사님, CTS 목포방송 유혜선 팀장, 황은희 선생님, 송영문 집사님, 소망의 바다 민호기 목사님, 광주첨단교회 임동헌 목사님, 성지교회 이재환 목사님, 고현교회 박정곤 목사님, 서경석 선배님, 일본 오사카 ACC 회원교회 선교사님들께 감사를 드린다. 제자들선교회 김영엽 선교사님을 비롯한 모든 선교사님께 머리 숙여 감사를 드린다. 특별히 광주에서 나와 함께 사역하는 박희우, 임해월, 최성윤, 강홍희, 순용태, 손복임, 김정화, 김은정, 전은혜, 조용균, 박은진 선교사에게 사랑하고 존경한다는 말을 글을 통해 전한다. 사랑하는 제자들선교회 광주지구 제자들에게도 고맙다고 말하고 싶다. 끝으로 이 책이 나올 수 있도록 힘써 준 도서출판 대장간 배용하 사장님과 편집팀에게 더 특별한 마음으로 감사를 드린다.

2012. 12.
김 주 원

1부

미혹하는 영에게 무한도전하라!

1 선전포고

　ハレルヤ　主の御名を賛美します。

　突然ですが'この世の終わり事件'(黙示録1章1~3)についてお知らせいたします。
　『黙示録』は恐怖に満ちた内容であるため、長い間"異端の書"として扱われてきました。ローマ・カトリック教会が正典として認めたのは2世紀中頃ですが、それ以後も'偽預言者'といわれた時代もあり、いまだになかなか受け入れられていません。しかしその黙示が今'啓示'され誰にでもわかるように開かれたのです。
　天の福音が、預言どおりに全世界へ証しされる為、約2,000年の間宗教の発祥地であるヨーロッパから地の果てにあたる韓国にまで伝えられることによって成熟されました。約2000年前にイエス様がヨハネ14章26節で神様にお願いして、イエス様の御名によって送って下さると約束して下さった'助け主'のことを思い出してください。この方が新天地におられて聖霊によって聖書の預言を次々証しされています。主に再臨の時の約束の牧者なのです。
　にわかに信じられないことと思われますが、もう既に世界のあちこちでは、この方を見て証しを聞いて多くの牧者やクリスチャンたちが今の時の完全なる救いに気付き、天国への道を理解しておられるのです。

韓国においては新天地の大聖会が昨年から何度も行なわれています。

そしてこの韓国でに大聖会の模様をアメリカではいち早くテレビにより数時間に渡り放映されました。これを機にアメリカの多くの牧師さんたちが目を開かれています。

更に、つい先日はこの方がドイツの神学校にて多くの牧師さんたちに今まで封じられていた黙示録の講演をされ内容を解明されたのです。その反響は想像を超えるものでした。何故なら新天地では六何原則（ろっかげんそく）に基づき全て聖書から寸分違わず解き明かされているからです。

世界では、メディアを通して刻々と新しい報道がなされ、多くの人が知ることができますが、日本では新聞をはじめ、どのメディアにおいても宗教の内容に関する報道を避けるという現実があります。しかし求めれば叶います。日本にも救いの手はのばされています。そこで私たち新天地ではこうしてお一人お一人にお手紙をお送りしています。

日本においてもこの約束の牧者をお呼びして大聖会を開催する計画中です。

時代は刻々と変化しています。今は再臨についてはっきりと知らなければならない時代です。このことに目を背けず、まずは新しい天と新しい地であり、聖書が全て明かされている新天地で、すべてを悟られることを、新天地では切にお祈りしています。

日本に住む牧師であるあなたは、真実が明かされている今、ただじっと主の再臨を待ち続けるお積りですか？

新天地イエス教証拠帳幕聖殿・福岡支部

TEL 080-3081-****

할렐루야 주님의 이름을 찬양합니다.

갑작스럽지만 '이 세상의 종말사건'(묵시록1장 1~3)에 관하여 알려드립니다. 『묵시록』[1]은 공포스러운 내용이기 때문에 장기간 '이단의 책'으로 취급되어 왔습니다. 로마 가톨릭교회가 정당한 책으로 인정한 것은 2세기 중간쯤인데 그 이후에도 '가짜예언서'라고 불린 시대도 있고 아직까지 좀처럼 받아들여지지 않습니다. 하지만 그 계시가 지금 '계시' 되어 누구에게나 알도록 열려진 것입니다.

하늘의 복음이 예언대로 전 세계에 증거 되기 위해 약 2000년 동안 종교의 발상지인 유럽부터 땅 끝까지 이르러 한국에까지 전하여져 성숙되었습니다. 약 2000년 전 예수님이 요한복음 14장 26절에서 하나님께 부탁드려 예수님의 이름으로 보내주심을 약속받은 구원자를 생각해 보십시오. 이 분이 신천지에 계셔 성령에 의해 성서의 예언을 하나 둘 증언하고 있습니다. 주님 재림 때의 약속의 목자인 것입니다.

갑자기 믿을 수 없는 일이라고 생각되지만 이미 벌써 세계 이곳저곳에서는 이 분을 보고 간증을 듣고 많은 목회자 크리스천들이 지금 이때의 완전한 구원임을 깨닫고 하늘나라의 도를 이해하고 있습니다.

한국에서는 신천지의 대성회가 작년부터 몇 번이고 열렸습니다. 그리고 이 한국에서의 대성회의 모습이 미국에서는 재빨리 텔레비전을 통하여 수 시간에 걸쳐 방영되었습니다. 이것을 계기로 미국의 많은 목사님들의 눈이 뜨여졌습니다.

또 지난날에는 이 분이 독일 신학교에서 많은 목사님들에게 지금까지 닫혀있던 묵시록의 강연을 하셔서 내용을 해명하셨습니다. 그 반응은 상상을 초월하는 것이었습니다. 왜냐하면 신천지에서는 육하

---

[1] 요한계시록

원칙에 기초하여 모든 성서로부터 한 치도 틀림없이 해명하기 때문입니다.

　세계에서는 미디어를 통하여 시시각각 새로운 보도를 하여 많은 사람이 알 수 있지만 일본에서는 신문을 비롯하여 어떤 미디어에 있어서도 종교의 내용에 관한 보도를 피하려고 하는 현실이 있습니다. 하지만 구하면 얻을 것입니다. 일본에서도 구원의 손길은 내밀어지고 있습니다. 그래서 저희 신천지에서는 이리하여 한분 한분에게 편지를 보내고 있습니다. 일본에서도 이 약속의 목자를 초청하여 대 성회를 개최할 계획 중에 있습니다.

　시대는 시시각각 변화하고 있습니다. 지금은 재림에 관하여 확실히 모르면 안 되는 시대입니다. 이 일에 눈을 돌리지 말고, 먼저 새로운 하늘과 새로운 땅이 있고, 성서의 모든 것이 분명한 신천지에서 모든 것을 깨닫기를 신천지에서는 간절히 기도하고 있습니다.

　일본에 살고 있는 목사인 당신은 진실이 밝혀져 있는 지금, 단지 앉은 자리에서 주님의 재림을 계속 기다릴 작정이십니까?

신천예수교증거장막성전 · 후쿠오카지부
TEL 080-3081-****

　여름방학이 되면 선교회 사역자들과 학생들은 매우 바쁘다. 우리는 대학생 수련회를 마친 후, 짐을 꾸려 부산으로 향했다. 일본 오사카로 떠나는 배를 타기 위해서였다. 이십 오명의 단기선교 단원들은 서툰 일본어지만 복음을 전하기 위해 '생명을 주는 사랑' 이라는 전도 소책자를 계속 연습했다. 배는 부산에서 출항하여 오륙도, 대마도 그리고 대한해협을 지나고 있었다. 망망대해가 무엇인지 따로 설명할 필요가 없었다. 갑판 위에 서는 순간, 눈앞에 펼쳐진 바다 위에는 섬 하나도 보이지 않았다. 오직 하늘과 검푸른 바다만이 있을 뿐이었다. 깊은 밤, 갑판에 올라갔다. 칠흑 같은 어둠 속을 밝히는 등대의 불빛을 선명하게 볼 수 있었다. 잠시나마 등대의 소중함을 피부로 느끼게 되었다.

약 열 여덟 시간의 여행을 한 후, 일본 제 2의 도시인 오사카에 도착하게 되었다. 일본에 도착한 단기선교 단원들은 두 팀으로 나누어졌다. 한 팀은 오사카 희망교회, 다른 한 팀은 오사카 사랑의 교회로 이동하였다. 나는 서 목사님이 사역하는 사랑의 교회로 갔다. 우리는 도착한 날부터 노방전도를 했다. 또 목사님께서 오랫동안 사역하고 있는 '니시나리' 지역 노숙자 사역에도 동참하였다. '니시나리' 라는 곳은 일본 최대 노숙자 타운이다. 그리고 주일에는 이웃, 친구들을 초청하는 행사를 가졌다. 사모님은 점심식사로 한국의 대표 음식인 비빔밥을 준비했다. 교회 신자들과 초청 받은 이들 중에는 한국어에 큰 관심을 갖고 있는 사람도 있었다. 그들은 단기선교 단원들과 짧은 한국어로 대화하면서 즐거워했다. 한국어에 대한 관심은 분명 한류열풍의 영향 때문일 것이다. 그래서 한국어 교실을 홍보하는 광고를 쉽게 볼 수 있었다. 특별히 한국 선교사들이 사역하는 교회에서는 일본인 전도 접촉점으로 한국어 교실을 많이 활용하고 있었다.

주일 오후 사역까지 모두 마친 단기선교 단원들은 숙소로 올라왔다. 잠시 쉬고 있는데 서 목사님께서 나를 급하게 교회 사무실로 불렀다. 교회 사무실에 들어서자 목사님은 내게 보여 줄 것이 있다고 말했다. 컴퓨터 화면을 보니 일본어로 된 메일이었다. 일본어를 읽을 수는 없었지만 '묵시록', '신천지' 라고 써진 단어가 눈에 들어왔다. 나는 "혹시?" 라고 생각했다. 역시 그랬다. 한국 교회를 심각하게 어지럽히고 있는 세칭 신천지에서 보낸 것이었다. 발신자가 신천지 예수교 증거장막성전·후쿠오카 지부로 분명하게 쓰여 있었다. 독일에서 강의를 했다는 사람은 신천지 총회장 L씨다. 서 목사님은 일본어로 된 메일을 번역해서 읽어 주었다. 그리고 다음과 같이 말했다.

"김 목사님, 제가 메일을 열어 보니까 이것이 와 있었습니다. 이것을 보내 주신 분은 우리 선교사 연합회 증경 회장님입니다. 신천지에서 증경 회장님 앞으로 메일을 보냈는데, 제가 선교사 연합회 총무를 맡고 있어서 보내 주셨습니다. 아마 대다수 선교사님들께 메일이 발송 된 것 같습니다. 그런데 김 목사님께서 단기선교 도착하신 날, 제게 주신 두 권의 이단예방에 관련한 책이 생각났습니다."

"네, 목사님 그렇다면 이전에도 신천지에서 이런 메일을 보낸 적이 있습니까?"

"아닙니다. 처음입니다. 그래서 목사님의 의견을 듣고 싶었습니다."

"목사님, 제 생각으로는 신천지에서 이렇게 선교사님들께 메일을 보낸 것을 보니 정말 본격적으로 활동 하려는 움직임 같습니다. 이 내용을 보면서 교회와 목사님들을 향해 선전포고를 하는 것 같습니다."

"네, 제 생각에도 그렇습니다. 그러면 어떻게 하는 것이 좋을까요?"

"이런 메일이 처음이라면 아직까지 신천지의 활동이 본격적으로 이루어 진 것 같지는 않습니다. 그렇다면 지금부터가 중요합니다. 방법은 한 가지입니다. 예방입니다. 예방이 최선입니다."

서 목사님은 잠시 고민을 하다가 내게 말했다.

"그렇습니까? 그렇다면 혹시 김 목사님 내일 일정이 어떻게 되십니까?"

"네, 내일 단기선교 단원들과 교토로 문화체험을 갈 예정입니다."

"목사님, 죄송한데 내일 김 목사님만 교토가시는 일정 바꾸시면 안 되겠습니까? 학생들이 얼마든지 찾아 갈 수 있을 겁니다. 그리고 저와 다른 곳을 가주시면 좋겠습니다."

"네, 그렇게 하시죠. 저는 교토를 여러 번 갔었습니다. 학생들도 자기들끼리 잘 다녀 올 것입니다. 무엇보다 서 목사님께서 이곳 오사카 사정을 잘 아실 것이고, 또 저의 도움이 필요하다고 하시니 무조건 순종하겠습니다. 오히려 일본 단기선교를 와서 이단예방에 필요한 것을 섬길 수 있게 되어 감사드립니다."

"고맙습니다. 마침 내일 저희 선교사 모임에서 회원 교회 방문하는 날입니다. 모든 선교사가 참석하는 것은 아니지만 다수가 참석할 것입니다. 제가 내일 선교사님들께 동의를 얻을 수 있을지는 잘 모르겠지만, 허락이 된다면 약 이십 분 정도 이단 신천지에 대해 설명해 주시면 좋겠습니다."

"네, 알겠습니다. 그러면 지금 숙소에 올라가서 자료를 준비하도록 하겠습니다."

예정에 없던 일정이 생겼다. 마음이 흐뭇했다. 조금이나마 이단예방에 도움이 될 수 있다는 것과 일본에서 사역하는 선교사님들을 만나 교제 할 수 있다는 것이 큰 기쁨이었다. 다음 날, 서 목사님과 순복음 E교회를 방문하였다. 찬양을 인도하는 여자 사역자들이 있었다. 아름다운 목소리를 가지고 있는 사역자들이었다. "혹시 찬양사역자들일까?"라고 속으로 생각했다. 알고 보니 순복음 E교회 목사님의 두 딸이었다. 그리고 그들은 '리나&가나' 라는 제일교포 3세 찬양 사역자들이었다. 예배를 마친 후, 식사를 하였다. 서 목사님은 조용하게 다가와 선교사님들께서 강의 하는 것을 동의했다고 말했다. 강의 시간은 한 시간이었다. 나는 준비된 동영상과 프레젠테이션 자료를 선교사님들께 보여 주었다. 한국 교회가 신천지로 인해 피해를 당하고 있다는 사실을 선교사님들은 잘 알고 있었다. 그러나 선교지에서 직접 체험한 것은 아니었기 때문에 피부로 느끼지는 못하는 것 같았다. 그러나 몇 개의 영상을 계속 보면서 이단, 사이비로 인해 한국교회들의 피해가 크다는 것을 실감하는 것 같았다.

"국내 대표적 교단에 속한 수도권의 한 교회입니다. 교인 500명 규모로 비교적 안정된 교회였지만 이 교회는 최근 신천지로 인해 큰 피해를 입었습니다. 이른바 추수꾼으로 불리는 신천지 전도자가 부목사 신분으로 교회에 숨어들어 분열을 일으킨 뒤 전체 오백 명 교인들 가운데 이백 명을 빼앗아 간 것입니다."

CBS 뉴스 동영상을 본 후, 선교사님들의 얼굴은 어두워졌다. 그리고 교회를 분열시키는 신천지에 대해 경악했다. 그렇게 한 시간이 빨리 지나갔다. 그래도 짧은 강의였지만 신천지를 비롯한 여러 이단들에 대해 경각심을 갖기에는 충분한 시간이었다. 마지막으로 이단을 효과적으로 대처하는 방법을 말했다. 바로 예방교육이라고 힘주어 말했다. 강의 후, 신천지로부터 메일을 받았던 선교사님들은 손을 들도록 하였다. 대다수 선교사님들이 신천지에서 보낸 메일을 받았다고 손을 들었다. 치열한 영적전쟁이 예고되고 있음을 직감했다. 정말 성경 말씀대로 우는 사자 같이 두루 다니며 삼킬 자를 찾아다니는 마귀와 그의 하수인들을 선교현장에서도 보게 된 것이다. 그렇다면 이단들의 선전포고에 교회는 어떻게 해야 하는가? 우선적으로 하나님의 말씀 곧 성경의 가르침이 무엇인지 깊이 생각하고 마음에 새겨야 할 것이다.

"그 때에 어떤 사람이 너희에게 말하되 보라 그리스도가 여기 있다 보라 저기 있다 하여도 믿지 말라 거짓 그리스도들과 거짓 선지자들이 일어나서 이적과 기사를 행하여 할 수만 있으면 택하신 자들을 미혹하려 하리라 너희는 삼가라 내가 모든 일을 너희에게 미리 말하였노라"__막13:21-23

"그들이 모였을 때에 예수께 여쭈어 이르되 주께서 이스라엘 나라를 회복하심이 이 때니이까 하니 이르시되 때와 시기는 아버지께서 자기의 권한에 두셨으니 너희가 알 바 아니요 오직 성령이 너희에게 임하시면 너희가 권능을 받고 예루살렘과 온 유대와 사마리아와 땅 끝까지 이르러 내 증인이 되리라 하시니라"__행1:6-8

"근신하라 깨어라 너희 대적 마귀가 우는 사자 같이 두루 다니며 삼킬 자를 찾나니 너희는 믿음을 굳건하게 하여 그를 대적하라 이는 세상에 있는 너희 형제들도 동일한 고난을 당하는 줄을 앎이라"__벧전5:8-9

2 "내가" 복음서

대학에 들어가기 위해 학력고사를 봤지만 전기시험에 낙방했다. 다행히 후기시험이 있어서 간신히 대학 문턱을 넘었다. 대학에 들어갔다는 안도의 한숨을 내쉬고 있을 무렵, 친구로부터 책 선물을 받았다. 후안 카를로스 오르티즈(Juan Carlos Ortiz)목사가 쓴 『제자입니까』라는 책이었다. 그의 책 제 1장 제목이 특이했다. "내가" 복음서. 처음에 무슨 말인지 알 수가 없었다. 복음서는 마태, 마가, 누가 그리고 요한복음이라고 알고 있었는데, "내가" 복음서라는 말에 머리를 갸우뚱거렸다. 책을 읽어 가면서 저자가 말한 "내가" 복음서의 의미를 이해하게 되었다. 이 말은 우리가 알고 있는 성경의 복음서가 아니라, 성경을 자기중심적으로 이해 한 후, 제 멋대로 해석해서 그것을 진리라고 주장하는 것을 뜻하는 말이었다.

인터넷으로 세칭 다락방에 대해서 자료를 검색하고 있었다. 옆에서 지켜보던 초등학생 둘째 아들 명종이가 질문을 했다. "아빠, 다락방이 뭐야? 다락방이 이층이야?" 나는 그 말을 듣는 순간 웃음이 터져 나왔다. 다락방의 R씨는 예수 이름으로 구원받는 단계를 다섯 단계로 설명하였다. R씨가 주장하는 다섯 단계는 아는 단계, 믿는 단계, 영접하는 단계, 시인하는 단계, 나타나는 단계이다. 그는 믿는 단계와 영접하는 단계를 구분하면서 믿는 단계는 요한복음 3장 16절의 성경적 근거를 두고 있다. 반면 영접하는 단계는 요한복음 1장 12절, 요한계시록 3장 20절을 들고 있다. 그렇다면 영접하는 것과 믿는 것은 다른 것인가? 성경을 보면 예수님을 영접하는 것과 예수님을 믿는 것이 동일한 의미라는 것을 알 수 있다.

> "영접하는 자 곧 그 이름을 믿는 자들에게는 하나님의 자녀가 되는 권세를 주셨으니 이는 혈통으로나 육정으로나 사람의 뜻으로 나지 아니하고 오직 하나님께로부터 난 자들이니라"__요1:12-13

광주 S교회 수요예배와 교사 단기대학에 초청을 받았다. S교회는 우리 가족들에게 남다른 의미가 있는 곳이다. 우리 큰 아들 성종이, 둘째 아들 명종이가 S교회 어린이집을 다녔다. 이런 사실을 목사님께 말씀드렸더니 나를 특별한 사람으로 대우해 주었다. 교사 단기대학 강의는 1, 2부로 나뉘어서 진행되었다. 1부가 끝난 후, 잠시 휴식 시간을 가졌다. S교회 한 청년이 다가왔다.

"목사님, 강의 중에 회개에 대해서 말씀하셨습니다. 저는 S교회로 출석한지 약 삼년 되었습니다. 그 전에는 광주에 있는 성서침례교회 라는 곳을 다녔습니다."

"네, 기독교한국침례회와 더불어 성서침례교회는 건전한 기독교 교단입니다."

"그런데 목사님께서 강의 중에 구원파라는 곳에서는 구원받은 후에 회개를 하지 않는다고 말씀하셨습니다."

"네, 그들은 기성교회 신자들이 잘못된 신앙생활을 하고 있다고 말합니다. 우리 기성교회 신자들이 구원받았다고 하면서 회개기도를 하나님께 하는 것이 비성경적이라고 그들은 가르치고 있습니다. 만약 새벽마다 혹은 매 주일마다 신자들이 교회에서 여전히 회개 기도를 하고 있다면 그것은 아직까지 구원받지 못한 증거를 나타낸다고 주장합니다. 또 죄와 범죄는 다른 것이라고 가르칩니다."

"목사님, 저는 그 말씀을 듣고 궁금해서 이렇게 질문하려고 나왔습니다. 제가 전에 다니던 교회 목사님은 회개와 자백은 다른 것이라고 가르쳤습니다. 회개는 구원 받을 때 하는 것이고, 자백은 구원 받은 후에 하는 것이라고 배웠습니다. 이것에 대해 어떻게 생각하십니까?"

"전에 다니던 교회 목사님께서 그렇게 말씀하셨다면 문제가 있다고 생각합니다. 그러면 성경은 어떻게 말씀하고 있는지 함께 보도록 합시다. 정말 형제가 말한 것처럼 회개는 구원 받을 때 하는 것이고, 자백은 구원 받은 후에 하는 것이라는 주장이 맞는 것일까요?"

나는 S교회 청년에게 성경을 펼쳐보여 주었다.

"만일 우리가 죄가 없다고 말하면 스스로 속이고 또 진리가 우리 속에 있지 아니할 것이요 만일 우리가 우리 죄를 자백하면 그는 미쁘시고 의로우사 우리 죄를 사하시며 우리를 모든 불의에서 깨끗하게 하실 것이요 만일 우리가 범죄하지 아니하였다 하면 하나님을 거짓말하는 이로 만드는 것이니 또한 그의 말씀이 우리 속에 있지 아니하니라"__요일1:8-10

나는 S교회 청년에게 말했다. "사도 요한은 신자들에게 생활 속에서 범하는 죄들을 자백 즉 고백하라고 말했습니다. 자백은 신자가 되었음에도 불구하고 하나님께 원치 않는 일을 행했을 때 자신의 잘못을 인정하고 고백하는 것으로 볼 수 있습니다. 그렇다면 회개는 언제 해야 하는 것일까요? 저는 분명하게 말할 수 있습니다. 예수님은 구원받은 신자들도 하나님의 뜻에서 어긋난 행위가 있다면 회개하라고 말씀하셨습니다. 성경을 함께 보실까요?" 우리는 요한계시록을 함께 읽었다. 그리고 우선 일곱 교회에 대해 살펴보았다.

"요한은 아시아에 있는 일곱 교회에 편지하노니 이제도 계시고 전에도 계셨고 장차 오실 이와 그의 보좌 앞에 있는 일곱 영과 또 충성된 증인으로 죽은 자들 가운데에서 먼저 나시고 땅의 임금들의 머리가 되신 예수 그리스도로 말미암아 은혜와 평강이 너희에게 있기를 원하노라 우리를 사랑하사 그의 피로 우리 죄에서 우리를 해방하시고 그의 아버지 하나님을 위하여 우리를 나라와 제사장으로 삼으신 그에게 영광과 능력이 세세토록 있기를 원하노라 아멘"__계1:4-6

"이르되 네가 보는 것을 두루마리에 써서 에베소, 서머나, 버가모, 두아디라, 사데, 빌라델비아, 라오디게아 등 일곱 교회에 보내라 하시기로"__계1:11

예수님은 사도 요한을 통해 일곱 교회에게 말씀하셨다. 이 말씀은 소아시아 지역 일곱 도시에 살고 있는 불신자들에게 하신 말씀이 아니라 예수님을 믿는 신자들 즉 교회들에게 하신 말씀임을 S교회 청년에게 주지시켰다. S교회 청년 역시 잘 이해했다. 계속해서 말씀을 함께 읽었다.

"그러므로 어디서 떨어졌는지를 생각하고 회개하여 처음 행위를 가지라 만일 그리하지 아니하고 회개하지 아니하면 내가 네게 가서 네 촛대를 그 자리에서 옮기리라"__계2:5

"이와 같이 네게도 니골라 당의 교훈을 지키는 자들이 있도다 그러므로 회개하라 그리하지 아니하면 내가 네게 속히 가서 내 입의 검으로 그들과 싸우리라"__계2:15-16

"볼지어다 내가 그를 침상에 던질 터이요 또 그와 더불어 간음하는 자들도 만일 그의 행위를 회개하지 아니하면 큰 환난 가운데에 던지고 또 내가 사망으로 그의 자녀를 죽이리니 모든 교회가 나는 사람의 뜻과 마음을 살피는 자인 줄 알지라 내가 너희 각 사람의 행위대로 갚아 주리라"__계2:22-23

"그러므로 네가 어떻게 받았으며 어떻게 들었는지 생각하고 지켜 회개하라 만일 일깨지 아니하면 내가 도둑 같이 이르리니 어느 때에 네게 이를는지 네가 알지 못하리라"__계3:3

"무릇 내가 사랑하는 자를 책망하여 징계하노니 그러므로 네가 열심을 내라 회개하라"__계3:19

요한계시록에 나오는 일곱 교회 중 다섯 교회 즉 에베소 교회, 버가모 교회, 두아디라 교회, 사데 교회 그리고 라오디게아 교회는 예수님의 책망을 받고 회개하라는 명령을 받았다. 이 말씀을 보고 들은 S교회 청년은 자신이 배웠던 내용이 잘못되었다는 것을 인정하였다.

일본 H교회에서 이단예방교육을 했다. 강의를 마친 후, 담임 목사님은 질문하고 싶은 사람이 있는지 물어보았다. 한사람이 손을 들었다. H교회 소속은 아닌데 H교회에서 이단예방교육이 있다는 말을 듣고 참석한 사람이었다.

"오늘 목사님 강의를 들었는데 제가 다니는 교회에 대해서는 언급되지 않았습니다. 저는 제가 다니는 교회가 정말 잘못되었는지를 확인하려고 왔습니다. 저는 얼마 전까지 한국인이 많이 출석하는 교회에 다녔습니다. 사실 그 때는 믿음도 없었고 주일 예배를 잠깐 드리고 오는 정도였습니다. 그런데 제가 몸이 너무 좋지 않았습니다. 그러던 어느 날, 주위 분들이 지금 출석하는 교회로 저를 부축해서 나가게 되었습니다. 저는 너무 힘들어서 말씀을 들을 때 소파에 누워 있기도 했습니다. 그런데 말씀을 들으면서 믿음이 생기고 저의 연약한 몸도 조금씩 회복하게 되었습니다. 저는 이전에 다니던 교회에서 들을 수 없었던 새로운 말씀을 경험했습니다."

"이전 교회와 지금 다니시는 교회의 큰 차이점이 무엇이었나요?"

"네, 이전 교회는 사람도 많고 규모도 큽니다. 그런데 주일날 목사님의 설교를 들으면 성경 말씀은 한두 가지 정도 말하는 것이 전부였습니다. 그리고 나머지는 예화가 대부분이었습니다. 그러나 지금 출석하는 교회는 말씀으로만 설교합니다. 그래서 믿음이 전혀 없던 저는 확실한 믿음을 갖게 되었습니다."

"그렇습니까? 그런데 무엇이 문제인가요?"

"그런데 제 주변에 있는 사람들이 제가 다니는 교회는 문제 있는 곳이라고 말을 합니다. 저는 인정하고 싶지 않았습니다. 그래서 저 나름대로 인터넷도 검색 해 보았는데 제가 다니고 있는 교회가 이단시비가 있는 것을 알게 되었습니다. 사실 저는 지금 많이 혼란스럽습니다. 그리고 마음이 답답합니다."

대화가 길어지는 것을 지켜보던 H교회 목사님은 음료수라도 마시면서 대화하라고 제안하였다. 우리는 예배당에서 교회 사무실로 자리를 옮겼다. 그리고 H교회 목사님이 말했다.

"자매님은 혹시 집사님이세요?"

"네."

"오늘 김 목사님과 대화하는 것을 지켜보았는데, 저희에게도 말해 줄 수 있나요?"

"네, 저는 제가 다니고 있는 교회가 이단인지 아닌지 확인하고 싶어서 오늘 왔습니다. 강의를 들었는데 현재 제가 다니고 있는 교회는 강의 시간에 나오지 않았습니다."

"혹시 집사님이 다니시는 교회가 일명 '영적군사훈련' 시키는 곳 아닙니까?"

"네, 맞습니다. 어떻게 아셨어요?"

"집사님 그렇다면 거기 문제가 많은 곳입니다. 지금이라도 빨리 정리하고 다른 교회 다니시는 것이 좋습니다."

나는 숙소로 돌아와서 세칭 영적군사훈련이 무엇하는 곳인지 찾아보았다. S씨가 세미나를 인도하는 동영상 몇 개가 있었다. 나는 그 중의 하나를 클릭하였다. S씨는 다음과 같이 말했다.

"영적군사훈련이 세워진 목적이 있습니다. 성경을 풀어 줄 겁니다. 다른 말로 하면 방언 통역을 할 거예요. 이게 이해가 안 되는 사람은 또 갑자기 무슨 황당한 소리를 하나 할 수 있습니다. … 성경은 우리나라 말로 기록해서 우리에게 주어졌어도 이것은 하늘나라 말입니다. 인정합니까? 저는 하늘나라 방언으로 말하고 있는 것입니다. … 성경을 풀어준다는 말은 방언 통역이에요."

고상하게 보이는 중년 여성 S씨의 황당한 주장을 듣는 순간 뭐라고 말을 할 수 없었다. 또 성경은 방언으로 되어 있고 그래서 방언 통역해야 한다는 말에 아멘으로 화답하는 사람들도 이해하기 어려웠다. S씨는 신, 구약 성경을 넘나들면서 똑같은 단어가 나오는 성경구절을 계속해서 찾도록 했다. 그리고 구슬을 꿰어야 한다는 말을 반복적으로 강조했다. 성경에 나오지도 않는 표현을 전매특허처럼 사용하는 S씨의 말에 국, 내외 교회 신자들이 미혹되는 것이 안타까웠다. 그렇다면 성경은 성경에 대해서 무엇이라고 말씀하고 있을까? 분명한 것은 예수님과 사도들은 성경이 방언으로 되어 있고, 방언으로 기록된 성경을 통역해야 한다고 말한 적이 없다.

"또 이르시되 내가 너희와 함께 있을 때에 너희에게 말한바 곧 모세의 율법과 선지자의 글과 시편에 나를 가리켜 기록된 모든 것이 이루어져야 하리라 한 말이 이것이라 하시고 이에 그들의 마음을 열어 성경을 깨닫게 하시고 또 이르시되 이같이 그리스도가 고난을 받고 제 삼일에 죽은 자 가운데서 살아날 것과 또 그의 이름으로 죄 사함을 받게 하는 회개가 예루살렘에서 시작하여 모든 족속에게 전파될 것이 기록되었으니 너희는 이 모든 일의 증인이라 볼지어다 내가 내 아버지께서 약속하신 것을 너희에게 보내리니 너희는 위로부터 능력으로 입혀질 때까지 이 성에 머물라 하시니라"_눅24:44-49

"너희가 성경에서 영생을 얻는 줄 생각하고 성경을 연구하거니와 이 성경이

곧 내게 대하여 증언하는 것이니라"__요5:39

"모든 성경은 하나님의 감동으로 된 것으로 교훈과 책망과 바르게 함과 의로 교육하기에 유익하니 이는 하나님의 사람으로 온전하게 하며 모든 선한 일을 행할 능력을 갖추게 하려 함이라"__딤후3:16-17

"먼저 알 것은 성경의 모든 예언은 사사로이 풀 것이 아니니 예언은 언제든지 사람의 뜻으로 낸 것이 아니요 오직 성령의 감동하심을 받은 사람들이 하나님께 받아 말한 것임이라"__벧후1:20-21

결국 이단으로 지목된 단체와 이단성이 있는 집단으로 판명된 곳의 특징을 보면 성경에서 말하고 있지 않는 표현을 만들어서 사용한다는 것이다. 하나님의 말씀인 성경에서 분명하게 말하고 있는 것을 가감 없이 말하고 표현하는 것이야 말로 바른 신앙생활이라고 말할 수 있다.

3 대개

하늘에 계신 우리 아버지여

이름이 거룩히 여김을 받으시오며 나라가 임하시오며

뜻이 하늘에서 이루어진 것 같이

땅에서도 이루어지이다

오늘 우리에게 일용할 양식을 주시옵고

우리가 우리에게 죄 지은 자를 사하여 준 것 같이

우리 죄를 사하여 주시옵고

우리를 시험에 들게 하지 마시옵고

다만 악에서 구하시옵소서

나라와 권세와 영광이 아버지께 영원히 있사옵나이다. 아멘 __마6:9-13

예수님께서 가르쳐 주신 기도를 주기도문이라고 한다. 주일학교를 다닐 때, 예배를 끝마치기 전 꼭 주기도문을 다 같이 외웠다. "다 같이 주기도문 하심으로 예배를 마치겠습니다." 그래서 주기도문은 예배를 마칠 때 하는 기도라고 생각했다. 예배가 끝났다는 기쁨에 다른 사람 한 번 외울 때, 빠른 속도로 주기도문을 두 번 외웠던 기억이 난다.

중학생이 되면서 어른들과 함께 예배를 드렸다. 주일학교 예배도 힘들었는데, 어른들과 함께 드리는 주일 오전 11시 예배는 더 고통스러웠다. 그래도 예배드릴 때 제일 좋았던 시간은 광고와 목사님의 축도였다. 그 이유는 조금만 견디면 예배가 끝난다는 희망 때문이었다.

교회 부흥회가 있었다. "이번 주에는 교회 부흥회가 있습니다. 한 분도 빠짐없이 다 참석하셔서 은혜 받으시기 바랍니다." 주일 대예배와는 사뭇 다른 분위기였다. 강단에는 '심령대부흥성회' 라는 글자가 붙어 있었다. 악기가 변변치 않던 시절, 장 선생님은 큰 북을 찬양에 맞추어 힘껏 쳤다. 모든 성도들은 손에서 불이 나도록 박수를 치면서 "불로 불로 충만하게 하소서"라고 찬송을 불렀다. 강사 목사님의 우렁차고, 때로는 코믹한 말씀에 웃음이 나왔다. 나는 어른들을 따라서 목사님의 말씀에 무조건 '아멘'을 했다.

"오늘 저녁에 불 받을 지어다."

"아멘."

"방언 못하는 사람, 방언이 터질 지어다."

"아멘."

"병마와 싸우는 사람, 고침 받을 지어다."

"아멘."

"내가 다음 달에 미국에 갑니다. 왜 아멘 안 해? 내가 미국 간다는 것이 그렇게 배가 아파?"

"아멘."

"우리 교회 여자 집사가 결혼하고 십년 동안 애기가 없었는데, 나한테 안수기도 받고 지난달에 아들 낳은 줄 믿으시기 바랍니다."

"아멘. 하하하"

밤이 깊어 가는 줄도 모르고 강사 목사님의 말씀에 쏙 빠졌다. 강사 목사님의 말씀은 곧 하나님의 말씀이라 여기며 계속 아멘을 외쳤다. 또 손바닥에서 불이 날만큼 힘껏 박수를 치면서 찬송을 불러야 하나님의 강력한 임재를 경험할 것이라고 생각했다. 지금 그렇게 하라고 하면 못할 것 같다. 요즘은 교회 성도들도 부흥회 할 때 안 모인다는 이유로 부흥회를 하지 않는 교회가 많아졌다. 그러나 중학생 시절, 어른들이 그렇게 말씀하시던 은혜 받고 싶은 마음에 강사 목사님께서 하라는 대로 따라서 했다. 말씀 선포가 끝나면 모두 소리 내어 통성기도를 했다. "지금부터 여러분이 소리 내어 기도합니다. 그러면 저와 담임 목사님이 함께 여러분을 위해 안수 기도하겠습니다. 혹시라도 기도를 못하시는 분이 있다면 주기도문을 계속하시기 바랍니다. 불을 끄세요. 다 같이 이 시간 두 손 들고 주여 삼창하심으로 기도합시다. 주여, 주여, 주여." 어른들의 통성 기도하는 모습이 신기하기만 했다. 나는 어른들처럼 기도를 못했다. 입에서 기도가 나오지 않았다. 그래서 목사님께서 말씀하신대로 주기도문만 기도시간 내내 계속 외왔다. 부흥회 때, 주기도문은 기도 못하는 사람들을 위한 하나의 돌파구였다. 그날 이후 주위 사람들을 만나서 대화하다보면 주기도문으로 기도하다가 은혜를 받고, 구원의 확신을 얻었다고 말하는 사람들도 있었다.

그런데 이단예방사역을 하면서 알게 된 것이 있다. 많은 신자들이 이단에 미혹될 때 주기도문과 관련이 된다는 것이다. 바로 '대개' 大槪 때문이다. 주기도문 맨 마지막 구절을 외울 때 "대개 나라와 권세와 영광이 아버지께 영원히 있사옵나이다 아멘"이라고 기도한다. 그런데 이단들 대다수가 '대개'를 넣어 기도하고 있는 정통교회를 비난한다. 이유는 간단하다. 우리가 보는 한글 성경에 대개가 기록되어 있지 않기 때문이다. 그래서 많은 신자들이 의구심을 갖고 있다. "왜 성경에는 없는데, '대개'를 넣어서 기도할까?" 그렇다면 정말 주기도문을 하는 중에 '대개'를 넣어서 기도하는 것이 잘못된 것일까? 만민중앙교회 L씨는 다음과 같이 말했다.

"주기도문에 대개를 안 넣는다고 이단이라고. 다른 교회는 대개를 넣는데, 우리 교회는 개척 때부터 대개를 뺐어요. 왜? 우리 주님이 가르쳐 주신 주기도문은 대개가 안 들어 있거든요. 성경대로 하기 때문에 안는 거예요. 그랬더니 이단이라고. 그래 난중에 교계 흐름에 대개 빼버렸잖아요. 기독교에서. 내가 한 게 다 옳은 거예요."L씨,「믿음을 척량하시니(16)」MP3 설교

세칭 신천지로 불리는 이단 역시 주기도문의 '대개'를 문제 삼고 있다. 그들은 다음과 같이 주장한다.

"주기도문 중 '대개'라는 말이 없는데도 각 교단에서 예배 때마다 '대개'라는 말을 더하여 암송해 왔다. 신천지예수교에서 '대개'에 대해 반론을 제기한 후 대부분의 교단에서 '대개'를 빼고 암송한다고

한다. 그러나 아직 그전대로 하고 있는 데가 있다. '대개'라는 말을 더한 것은 예수님의 법을 변경시킨 가면적 미혹 행위로 보인다.단7:25 누가 왜 '대개'를 넣었는가? 왜 거짓된 말을 더하게 했는가? 그 책임은 누가 져야 하는가? 더한 것은 불법이요 가라지 씨를 덧뿌린 것이다."마13:25

왜 정통교회 신자들이 주기도문 때문에 이단에 미혹되는 일이 발생하는 것일까? 그것은 '대개'를 넣고 안 넣고의 단순한 문제가 아니다. 이단들이 노리는 것은 근본적이고, 본질적인 것이다. 바로 신자들이 갖고 있는 구원의 확신을 송두리째 흔들려는 속셈이다. 그래서 자신들만이 성경을 올바르게 전하는 유일한 곳이며, 참된 진리를 가르쳐 구원을 얻게 할 수 있다고 미혹한다. 반면 정통교회는 성경에 기록되지 않는 것을 가르치기 때문에 성경에 기록된 모든 심판과 재앙을 받게 된다고 신천지에서 주장한다. 이단들이 말하는 것을 들으면 매우 성경적인 듯하다. 그러나 결코 그렇지 않다. 자신들의 주장을 뒷받침하기 위해 성경을 제멋대로 사용하는 것이다. 특히 '대개'를 문제 삼으면서 다음 성경구절을 인용한다.

"다른 복음은 없나니 다만 어떤 사람들이 너희를 교란하여 그리스도의 복음을 변하게 하려 함이라 그러나 우리나 혹은 하늘로부터 온 천사라도 우리가 너희에게 전한 복음 외에 다른 복음을 전하면 저주를 받을지어다 우리가 전에 말하였거니와 내가 지금 다시 말하노니 만일 누구든지 너희가 받은 것 외에 다른 복음을 전하면 저주를 받을지어다"_갈1:7-9

"내가 이 두루마리의 예언의 말씀을 듣는 모든 사람에게 증언하노니 만일 누구든지 이것들 외에 더하면 하나님이 이 두루마리에 기록된 재앙들을 그에게

> 더하실 것이요 만일 누구든지 이 두루마리의 예언의 말씀에서 제하여 버리면 하나님이 이 두루마리에 기록된 생명나무와 및 거룩한 성에 참여함을 제하여 버리시리라"__계22:18-19

그렇다면 이단들이 말하는 것처럼 주기도문 '대개'를 넣어서 기도하는 것이 정말 문제가 될까? 정말 문제가 된다면 당연히 빼야 마땅할 것이다. 그런데 또 하나의 문제는 정통교회에서 '주기도문송'을 부른다. "대개 주의 나라 주의 권세 주의 영광 영원히 아멘". 이단들의 주장처럼 '대개'를 넣고 기도하는 것이 심각한 문제라면 '주기도문송'도 부르지 말아야 할 것이다. 그렇다면 정말 주기도문의 '대개'를 넣어서 기도하고, 찬송을 부르는 것이 우리 신앙생활에 유해할 정도로 문제가 되는 것일까? 혹시라도 지금 책을 읽고 있는 독자 중에 이것 때문에 여전히 고민하고 있는 사람이 있는가? 그렇다면 이제부터 고민하지 말고 속 편하게 신앙생활하기 바란다. 결론적으로 말하면 '대개'를 넣어도 되고, '대개'를 빼고 주기도문을 외워도 된다. 너무 간단한가? 그러나 사실이 그렇다.

우리 한글 성경은 번역 성경이다. 물론 영어, 일본어, 중국어, 불어, 스페인어 성경도 모두 번역 성경이다. 구약 성경은 히브리어, 신약성경은 헬라어 즉 그리스어로 기록되었다. 그런데 주기도문은 신약성경에 기록되어 있다. 그래서 원문에는 헬라어로 기록되어 있다. "대개 나라와 권세와 영광이 아버지께 영원히 있사옵나이다"라는 부분의 헬라어 원문은 다음과 같다. '호티 수 에스틴 헤 바실레이아' 여기에서 헬라어 '호티'는 '왜냐하면'이라는 뜻이다. 이것을 과거 중국어 성경은 '대개'로 번역했고, 이에 한글 성경도 중국어 성경의 영향을 받아 '대개'라고 번역했다. 그래서 "대개 나라와 권세와 영광이 아버지께 영원히 있사옵나이다 아멘"을 좀 더 쉽게 번역하면 "왜냐하면 나라와 권세와 영광이 아버지께 영원히 있기 때문입니다 아멘"이다. 영어 표현을 봐도 그렇다. "For yours is the kingdom and the power and the glory forever. Amen." 'For' 즉 '왜냐하면'으로 시작하고 있다.

> 하늘에 계신 우리 아버지여
> 이름이 거룩히 여김을 받으시오며 나라가 임하시오며
> 뜻이 하늘에서 이루어진 것 같이
> 땅에서도 이루어지이다
> 오늘 우리에게 일용할 양식을 주시옵고
> 우리가 우리에게 죄 지은 자를 사하여 준 것 같이
> 우리 죄를 사하여 주시옵고
> 우리를 시험에 들게 하지 마시옵고
> 다만 악에서 구하시옵소서
> 이렇게 기도드린 이유는 왜냐하면 나라와 권세와 영광이 아버지께 영원히 있기 때문입니다. 아멘.

주기도문 '대개' 때문에 구원받고 못 받고를 운운하는 사이비, 이단들을 주의해야 한다. 구원은 예수 그리스도를 믿는 믿음으로 받는 것이고, 이것을 하나님의 은혜라고 한다. 기본을 확실하게, 기초를 튼튼하게 세우는 신앙이 되면 우리 신앙에는 아무런 문제가 되지 않는다.

"너희는 내게 배우고 받고 듣고 본 바를 행하라 그리하면 평강의 하나님이 너

희와 함께 계시리라"__빌4:9

"예수께서 이르시되 딸아 네 믿음이 너를 구원하였으니 평안히 가라 네 병에서 놓여 건강할지어다"__막5:34

"영접하는 자 곧 그 이름을 믿는 자들에게는 하나님의 자녀가 되는 권세를 주셨으니"__요1:12

"하나님이 세상을 이처럼 사랑하사 독생자를 주셨으니 이는 그를 믿는 자마다 멸망하지 않고 영생을 얻게 하려 하심이라"__요3:16

"그들을 데리고 나가 이르되 선생들이여 내가 어떻게 하여야 구원을 받으리이까 하거늘 이르되 주 예수를 믿으라 그리하면 너와 네 집이 구원을 받으리라 하고 주의 말씀을 그 사람과 그 집에 있는 모든 사람에게 전하더라"__행16:30-32

"너희는 그 은혜에 의하여 믿음으로 말미암아 구원을 받았으니 이것은 너희에게서 난 것이 아니요 하나님의 선물이라 행위에서 난 것이 아니니 이는 누구든지 자랑하지 못하게 함이라"__엡2:8-9

4 감언이설甘言利說

다른 사람의 비위에 맞도록 꾸민 달콤한 말과 이로운 조건을 내세워 꾀는 말을 감언이설甘言利說이라고 한다. 사이비, 이단들이 신자들을 미혹하는 방법으로 사용하는 것이 감언이설이다. 재일한국기독교교회연합회Association of Christian Church in japan, 약칭: ACC의 초청을 받고 보름 일정으로 일본 오사카에 갔다. 주일 오전 예배 시간에 최 목사님께서 사역하는 오사카 H교회에서 이단예방특강을 인도했다.

"김 목사님, 일본에 오니까 어떻습니까?"

"네, 저는 이번 일본 방문이 아홉 번째입니다. 오사카에 여덟 번 단기선교를 왔었습니다."

"그래요! 그러면 오사카 상황도 잘 아시겠네요?"

"그렇지 않습니다. 단기선교 사역을 하기 위해서 왔기 때문에 일본 오사카에서 활동하는 사이비, 이단들에 대해서 잘 모릅니다."

"그래요?"

"제가 일본에 오기 전, 현대종교 탁 소장님께 연락을 드렸습니다. 소장님은 제게 격려 문자를 보내 주었습니다. 그런데 소장님은 오사카 쪽에 의외로 만민중앙교회에 대한 문의가 많다고 말해 주었습니다."

"그랬군요. 사실 이곳 오사카는 한국에서 가장 물의를 일으키고 있는 세칭 신천지에 대한 피해는 아직까지 구체적으로 나타나지 않았습니다. 오히려 우리 피부에 와 닿는 것은 큰믿음교회, 영적군사훈련원, 다락방, 구원파입니다. 이곳 선교사와 지역교회에 적잖은 피해를 주고 있는 곳들입니다."

"네, 제가 거기까지 잘 몰랐습니다. 오늘 목사님 말씀을 듣고 연구해야 할 것들이 늘었습니다. 목사님께서 말씀하신 곳을 조금 더 관심을 갖고 알아보도록 하겠습니다."

"그렇게 해 주면 고맙겠습니다. 당장 우리 선교사들이 경계하고 있는 문제 있는 단체들입니다."

오사카 H교회 사역을 마친 후, S교회로 이동하였다. 차에서 내리자마자 찬양 소리가 교회 밖까지 들렸다. 응접실에서 대기하는 동안 본당에서 들리는 우렁찬 젊은이들의 기도 소리에 감동을 받았다. S교회 오후 집회가 끝났다. 한국 같으면 모두 집으로 돌아 갈 것 같은데 S교회 청년들은 미동도 하지 않았다. 본당에 들어서는 순간 내 눈을 의심하였다. 앞자리부터 뒷자리까지 모두 젊은 청년들이었다. 세어 보지는 않았지만 이백 명이 넘는 것 같았다. "아니, 일본 오사카에 이런 교회가 있어!" 오후 나른한 시간에 강의를 듣는다는 것이 결코 쉬운 일이 아니다. 그래서 나는 최선을 다해 열정적으로 강의를 했다. 그래도 몇 시간 동안 교회에 앉아 있었고, 그래서 그런지 피곤 때문에 졸고 있는 청년들이 간혹 보였다. 그런데 S교회 K목사님은 졸고 있는 청년들을 찾아가 깨우는 일을 계속하였다. 드디어 강의를 마쳤다. K목사님은 오늘 강의가 너무 중요하기 때문에 깨우러 다녔다고 말했다. 왜냐하면 S교회에 세칭 신천지로 확실시 되는 사람들이 네 번 왔었기 때문이다. 그 말을 듣는 청년들의 눈빛은 너무나 진지했다. 바로 자신들의 공동체에서 있었던 사실이라는 것에 놀라는 표정이었다. 그 말을 들은 나 역시도 놀랐다. 나는 K목사님께 별도로 시간 내 줄 것을 부탁드렸다. 목사님은 흔쾌히 승낙했다. 며칠 후, K목사님을 교회 사무실에서 만났다.

"우리 교회에 한국인으로 자신을 집사라고 소개한 여자 한 사람이 찾아왔었습니다. 삼 개월 비자를 가지고 있었는데 처음에 저희 교회에 열심히 출석하였습니다. 그런데 어느 날부터 우리 교회 사람들에게 접근하기 시작했습니다. 김 목사님이 보시다시피 우리 교회는 젊은 청년들이 많습니다. 그 중에 대다수가 중국 국적을 가지고 있는 조선족 청년들입니다. 우리 여자 청년들을 만나서 자신이 의사, 대학교

수 그리고 박사들을 많이 알고 있는데 신랑감으로 소개 해 준다는 것이었습니다. 그 말에 청년들은 귀가 솔깃하게 되었습니다. 삼 개월 비자가 만료 될 즈음에 그 여자는 한국으로 돌아갔습니다. 그 후 다시 삼 개월 후에 일본으로 들어왔습니다. 그런데 이번에는 모든 가족들을 데리고 왔습니다. 모든 가족들이 교회에 열심히 나왔습니다. 삼 개월 후 그 여자 집사라는 사람의 가족들은 한국으로 돌아갔습니다. 그리고 몇 개월이 지난 후 다시 나타나서 자신이 백만 엔, 한국 돈으로 약 천 사백만원을 줄 테니 선교사비자를 내달라고 말했습니다. 저는 그 말을 듣고 단호하게 거절했습니다. 결국 이상한 방법으로 결혼비자를 받아서 일본에 왔습니다. 나중에 알게 된 사실이지만 남편과 이혼하고 스님과 결혼해서 결혼비자를 받았다는 것입니다. 그러면서 제게는 젊은이들을 선교하고 싶어서 일본에 왔다고 말했습니다. 그리고 우리 교회에 출석하면서 청년들에게 집요하게 접근을 하였습니다. 정말 청년들이 친절한 사람으로 느낄 정도로 말을 번듯하게 잘 하고 심지어 자신의 집으로 초청해서 대접하기도 했습니다. 그 여자는 청년들에게 계속해서 동경에 있는 대학교수, 박사, 의사들을 많이 알고 있으니 소개시켜 주겠다는 말을 했습니다. 저는 더 이상 그것을 지켜 볼 수 없어서 수상하다고 여기고 정중하게 교회를 떠나도록 말했습니다. 우리 교회는 보시다시피 중국인들을 선교하는 교회이기 때문에 한국인이 있는 곳으로 가 주도록 말했습니다. 그 후 이혼 당한 남편이 찾아왔습니다. 자기 부인이 평상시에 교회에서는 천사같이 말하고 행동하지만 사실 집에서는 전혀 딴 사람이 되어 거짓말을 너무 잘하는 사람이었다고 말해 주었습니다."

K목사님은 두 번째 사례를 말해 주었다.

"우리 교회에 조선족 청년이 있었습니다. 평상시에 다른 청년들과 대화도 없고, 교회 일에 비협조적인 청년이었습니다. 한번은 학교에서 자칭 선교하는 남자 전도사를 만나 성경공부를 했습니다. 그리고 그 전도사라고 하는 사람은 인터넷으로 성경공부 하는 곳을 알려주면서 동영상 강의를 듣게 했습니다. 결국 그 사실을 교회에서 알게 되고, 저는 그 형제를 불러서 혼을 냈습니다. 다시는 그런 일이 없도록 주지시켰습니다. 그런데 얼마 후, 인터넷 상에서 조선족 여자 친구를 만나 사귀게 되었다고 하면서 교회에 데리고 왔습니다. 여자 친구가 동경에 있다가 회사 파견으로 오사카에 왔다고 말했습니다. 그 형제의 여자 친구는 교회에서 열심히 활동했는데 결국 세칭 신천지 추수꾼 인 것을 확인하고 내 보냈습니다. 그 후 얼마 있다가 그 청년은 또 다른 두 명의 여자를 데리고 교회에 왔습니다. 어떻게 알게 되었냐고 물어보니 인터넷을 통해서 알게 되었다고 말했습니다. 그런데 두 명의 여자 중 한 명은 평신도이고, 다른 한 명은 '동경순복음교회' 전도사였다고 제게 말했습니다. 저는 순간 뭔가 이상하다고 생각했습니다. '동경순복음교회'를 다니던 사람이라면 그것도 전도사였다는 사람이라면 당연히 '오사카순복음교회'에 갈텐데 이상한 일이라고 판단했습니다. 저는 곧장 '동경순복음교회' 담임목사님이신 J목사님께 전화를 드렸습니다. '동경순복음교회' 담임목사님이신 J목사님은 얼마 전까지 '오사카순복음교회' 담임목사님으로 ACC 선교사 연합회 활동도 같이 하셨던 분입니다. 저는 J목사님께 조선족 여자로 이런 전도사가 있었는지 물어보았습니다. 결과는 제 예상과 똑같았습니다. 그런 사람 없다는 것이었습니다."

　K목사님의 말을 듣는 순간 세칭 신천지가 하는 수법임을 알 수 있었다. 이렇게 사람들을 미혹하는 역사는 하나님께서 만드신 에덴동산에서부터 있었던 일이다. 성경은 다음과 같이 말씀하고 있다.

"그런데 뱀은 여호와 하나님이 지으신 들짐승 중에 가장 간교하니라 뱀이 여자에게 물어 이르되 하나님이 참으로 너희에게 동산 모든 나무의 열매를 먹지 말라 하시더냐 여자가 뱀에게 말하되 동산 나무의 열매를 우리가 먹을 수 있으나 동산 중앙에 있는 나무의 열매는 하나님의 말씀에 너희는 먹지도 말고 만지지도 말라 너희가 죽을까 하노라 하셨느니라 뱀이 여자에게 이르되 너희가 결코 죽지 아니하리라 너희가 그것을 먹는 날에는 너희 눈이 밝아져 하나님과 같이 되어 선악을 알 줄 하나님이 아심이니라 여자가 그 나무를 본즉 먹음직도 하고 보암직도 하고 지혜롭게 할 만큼 탐스럽기도 한 나무인지라 여자가 그 열매를 따먹고 자기와 함께 있는 남편에게도 주매 그도 먹은지라"_창 3:1-6

"큰 용이 내쫓기니 옛 뱀 곧 마귀라고도 하고 사탄이라고도 하며 온 천하를 꾀는 자라 그가 땅으로 내쫓기니 그의 사자들도 그와 함께 내쫓기니라"_계 12:9

마귀와 그에게 속한 사이비, 이단들은 감언이설을 사용해서라도 신자들을 미혹하기 위해 혈안이 되어있다. 주께서 다시 오시는 그 날까지 마귀와 사이비, 이단들은 미혹하는 것을 쉬지 않고, 포기하지 않을 것이다. 오히려 신자들은 이런 미혹의 역사를 당연한 것으로 여길 필요가 있다. 미혹하는 일은 분명 역사 속에서 계속 있을 것이다. 그러나 중요한 것은 미혹에 대응하는 신자의 태도이다. 이것을 이 천년 전에 예수님께서도 직접 말씀하셨다.

"예수께서 대답하여 이르시되 너희가 사람의 미혹을 받지 않도록 주의하라

많은 사람이 내 이름으로 와서 이르되 나는 그리스도라 하여 많은 사람을 미혹하리라"__마24:4-5

"그 때에 사람이 너희에게 말하되 보라 그리스도가 여기 있다 혹은 저기 있다 하여도 믿지 말라 거짓 그리스도들과 거짓 선지자들이 일어나 큰 표적과 기사를 보여 할 수만 있으면 택하신 자들도 미혹하리라"__마24:23-24

5 시나리오 작가 지망생

'젊은이를 깨우는 사역', '다음세대를 준비하는 교회', '청년이 살아야 나라가 산다'. 이런 표어slogan는 교회초청을 받아 강의를 가면 심심치 않게 볼 수 있다. 교회사역은 모든 세대를 아우르는 사역이다. 그럼에도 불구하고 예전과는 다르게 다음세대를 짊어질 어린이, 청소년 그리고 청년에 대한 관심이 높아진 것을 알 수 있다. 지역교회 담임목사님이면서 왕성한 청년 사역을 하는 분을 알고 있다. B교회 한 목사님이 그런 분이다. 전라남도 영광에서 목사님을 처음 만났다. 교회 담임목사님으로 사역하면서 지역 청소년, 청년들을 신앙 안에서 일깨우는 일에 헌신적이었다. 목사님과의 만남이 벌써 십여 년이 지났지만 청소년, 청년들을 향한 순수한 열정만큼은 여전히 한결같다. 새해를 맞이해서 B교회 초청을 받았다. 청년들이 대다수를 이루고 있는 B교회는 이단예방교육이 시기적으로 필요했다고 판단한 것 같았다. 주일 오후 예배 시간에 특강을 했다. 나는 다음과 같이 말했다. "오늘 이단예방교육을 할 수 있게 되어 감사하고 기쁩니다. 약 한 시간 정도 강의를 할 계획입니다. 다음에 다시 여러분을 만날 기회가 주어진다면 요한계시록에 대해서 강의를 하겠습니다. 그 이유는 대다수 이단들이 요한계시록을 잘못 해석하기 때문입니다. 정통 교회 신자들도 요한계시록이라고 하면 두려움을 갖습니다. 그러나 요한계시록은 신자들에게 두려움을 주는 말씀이 아닙니다. 오히려 복을 주시기 위한 말씀인 것을 요한계시록을 보면 확인 할 수 있습니다."

강의를 마치고 짐을 정리하고 있었다. 남자 청년이 내 옆으로 다가왔다.

"목사님, 고맙습니다. 강의 잘 들었습니다. 제게 많은 유익이 되었습니다."

"네, 고맙습니다."

"목사님 강의를 들으면서 얼마 전 제게 접근했던 사람들이 세칭 신천지 전도자들 인 것을 알 수 있었습니다."

"아, 그래요!"

"저에게 시나리오 작가 지망생이라고 하면서 접근했습니다."

B교회 L청년에게 자세한 내용을 메일로 보내 줄 것을 부탁했다. L청년은 기꺼이 그러겠다고 대답했다. 그리고 약속한대로 메일을 보내 주었다. 다음은 L청년이 보낸 메일이다.

"안녕하세요? 목사님. 늦었지만 새해 복 많이 받으세요. 제가 그 사람들과 만났던 내용이 전부 기억이 났으면 좋은데 그런 게 아니라 부족한 부분이 많을 것 같지만 최대한 노력 해 보겠습니다. 한사람의 피해자라도 줄이고 싶고 자세히 알고 있다면 피해자도 나오지 않을 것 같아서 사명감을 갖고 기억을 떠올려 쓰겠습니다.

먼저 그 사람들과 만난 것은 길을 가다가 만났습니다. 길을 가는데 남자, 여자 20대 2명이 다가 왔습니다. 그 사람들이 자연스럽게 먼저 말을 걸었습니다. 잠깐 시간 좀 내어 달라고 해서 저는 처음에 "도道를 아십니까?" 이런 사람들 인줄 알았습니다. 그런데 의외로 자신들이 시나리오 작가 지망생들이라고 하면서 사정을 설명했습니다. 자신들이 시나리오를 들고 출판사를 찾아 갔는데, 출판사에서 100명에게 평가를 받아오라고 했다면서 제게 평가 해 줄것을 부탁했습니다. 저는 비슷한 20대이고 꿈을 위해 노력한다는 것이 보기 좋아서 그러겠다고 대답했습니다. 그러자 종교를 물어 왔습니다. 저는 기독교라고 답했고, 그들도 종교적인 시나리오라 꼭 읽어주고 평가를 해달라고 부탁했습니다. 젊은 사람들이 멜로나 액션도 아니고 종교적인 내용으로 시나리오를 썼다하기에 조금은 이단이 아닐까 하는 의구심을 갖고 그들과 다음 만날 약속을 잡았습니다.

이단이라면 원래 피하고 안 만나는 게 상책인데 저는 평소에도 이단에 관심도 많았고 어렸을 때 교회에서 이단에 대해서 조금 배웠고, 수련회를 통해서 그리고 지금은 사역을 그만두셨지만 사역을 하시던 전도사님을 통해 이단에 대해 들어서 조금은 알고 있었기에 이단이 궁금했습니다. 그래서 그들과 부딪혀 보고도 싶었습니다. 그래서 1주일 뒤에 전남대 후문에 있는 카페에서 만났습니다.

그들이 내민 시나리오의 제목이 자세히 기억은 안 나는데 '달 월月' 자가 들어갔습니다. 내용은 교회 담임목사, 민우, 민우 엄마, 민우 아빠, 그리고 여자애, 또 다른 행동대장인 남자, 뭐 이정도가 전부였던 것 같습니다. 여기에서 민우 엄마와 여자애는 추수의 시대를 알고 있는 사람들로 나오고 하늘 비밀에 대해서 말하면서 "지금의 교회들이 하늘 비밀을 말하지 않고 숨기고 있다."는 식으로 말하면서 자신들은 "하늘 비밀을 알고 있다. 성경에 기록된 하늘 비밀이 있는데, 교회에서는 알려주지 않는다."는 식으로 나왔습니다. 그러면서 교회 담임목사와 민우 그리고 또 다른 행동대장이 민우 엄마와 여자애를 핍박하는 식으로 나옵니다. 급기야 여자애를 납치해서 감금시키고 이단을 포기할 것을 요구하였습니다. 그러나 여자애는 끝까지 자신의 종교를 지키고 기존의 교회가 잘못됐다고 말합니다. 그러던 중 민우 엄마는 민우 아빠와 함께 목사님을 만납니다. 목사님은 민우 엄마가 심각하게 신앙심을 잃고 이단에 빠진 중증증세라고 말하고 민우 아빠는 민우엄마와 말다툼 도중 민우 엄마를 죽입니다. 물론 이 과정에서 감금됐던 여자애가 극적으로 탈출해 민우에게 민우 엄마가 위험하다고 알립니다. 신기하게도 납치하고 감금했던 사람을 자기발로 찾아가 위험을 알려줍니다. 그 소식을 듣고 민우가 민우 엄마를 찾았지만 이미 사망한 직후 장례식을 치렀는데 장례식에 찾아오는 사람은 민우에 의해 이단이라고 핍박 받아 쫓겨난 사람들뿐이라고 나옵니다. 그리고 마지막으로 행동 대장이었던 남자는 경찰에 붙잡혀 조사를 받지만 쉽게 풀려납니다. 이 과정에서 전화 통화하는 장면이 나오는데 담임목사가 회장과 통화하는데, 여기서 회장은 한기총 회장으로 나옵니다. 이것이 제가 기억하는 그들이 보여준 시나리오의 내용입니다. 여기서 한기총 회장이 뒤를 봐줘서 쉽게 풀려나온 것처럼 나옵니다.

또 시나리오를 읽는 동안 그 사람들은 핸드폰에 저장된 만화로 된 동영상을 보여주었습니다. 기존의 '데스노트'라는 일본 만화를 편집해서 대사를 넣어 만화 영화처럼 만들었습니다. 이해가 쉬울 것이라고, 뭐 이미 추수 어쩌고 하는 내용이 들어 있는 것을 보고 이단이라는 것을 직감했기 때문에 동영상은 중간에 보다가 돌려 줬습니다. 다 읽고 그 사람들과 계속 이야기를 했습니다. 저는 너무 종교적이라서 이런 시나리오는 출판사에서 인정을 안 해 줄 것이며, 너무 일방적으로 기존의 교회가 악행을 저지르는 것처럼 나온다고 했더니 그 사람들이 이 내용은 실화를 바탕으로 썼다고 했습니다. 그래서 저는 이런 일들은 오히려 이단에서 일어나는 일들이며 일반 교회에서는 일어나지 않는다고 말했습니다. 그리고 이단에 속한 자칭 목사들도 방송매체를 통해서 방송될 때에는 목사로 방송된다고 말했습니다. 그래도 그쪽에서는 이 내용은 자신들이 조사하고 공부해서 쓴 것이라고 말했습니다. 그렇게 이야기를 시작해서 저는 시나리오 내용 자체가 너무 신천지와 비슷한 면이 많다고 지적했습니다. "추수의 시대, 하늘 비밀. 이런 건 신천지에서 많이 쓰는 말이다." 그랬더니 자신들은 그런 거 아니고 그냥 공부를 많이 해서 썼다고만 했습니다.

그런 식으로 시나리오를 지적하다 보니 어느덧 종교적 논쟁으로 번졌습니다. 그들은 2000년 전, 예수님이 오셨을 때와 지금이 같은 상황이라고 주장했습니다. 예수님은 그때도 기존의 기득권이던 서기관들과 바리새인들에게 핍박을 받았고, 지금도 마찬가지라고 하면서 꼭 2000년 전의 예수님 말고도 지금의 누군가 재림해 있다는 식으로 말했습니다. 그래서 저는 이렇게 대답했습니다. "예수님이 2000년 전에는 구원자로 오셔서 십자가에 달려 돌아가시기 위해서 그러한 삶을 살았습니다. 다시 오실 주님은 2000년 전과 똑같이 그런 모습으로 오실게 아니라 세상 끝날 우리를 심판하러 오실 분이십니다. 그런 분이 2000년 전과 같이 핍박받고 그런 모습으로 오시지 않습니다. 또한 자꾸 재림 재림 하시는데 아직 주님은 재림하지 않으셨습니다. 지금 한국에는 하나님이라 칭하는 사람이 몇 십 명은 되고 예수님도 몇 십 명이나 있습니다. 거기에 모세와 요한도 있습니다. 그들 모두다 이단입니다. 대표적인 사람이 문선명입니다. 문선명도 자신이 신이라고 하면서 말도 안 되는 말만 늘어놓았습니다."

그러자 그럼 다시 오실 예수님의 모습에 대해서 아느냐고 물었습니다. 저는 모른다고 했습니다. 그러자 그들은 "그러면 제대로 알고 믿어야 되지 않겠냐?"고 했습니다. 저는 이렇게 대답했습니다. "물론 믿음에 있어서 주님을 알아가는 것도 중요합니다. 그러나 보지 않고 믿는 것도 복되다고 했습니다. 궁금하고 의문이 나면 담임목사님을 찾아가 물어 보면 되는 것입니다. 성경을 자기 마음대로 잘못 이해하고 해석했다가는 쉽게 이단에 빠질 수 있습니다." 그러자 그들은 찬양으로도 있는 '천국은 마치 밭에 감춰진 보화, 땅속에 묻힌 아무도 모른 보석' 이라는 구절을 말하면서 성경에도 이런 식으로 천국비밀이 있다고 했습니다. 그리고 이러한 비밀은 기존교회에서는 말해주지 않는다고 했습니다. 그래서 저는 "교회에서 말해주지 않을 리가 없습니다. 교회에서 말씀을 전하는 목사님들은 하나님의 사자들입니다. 예수님도 비유로 말씀하셨듯이 저것도 일종의 비유입니다. 비유는 목사님들이나 성경주석에서 해석하기 나름입니다. 그쪽에서 해석한 것을 가지고 남의 것이 틀렸다고 그리고 자신들의 것이 맞는다고 일방적으로 주장하는 것은 나쁘지 않습니까? 그 옳고 그름을 누가 판단할 것입니까?"라고 반문 하면서 다른 이단들을 만났던 이야기를 했습니다.

"하나님 어머니회세칭 안상홍증인회라는 다른 이단이 있습니다. 그들은 성경을 갖고 오면서 접근합니다. 처음에는 설문조사를 통해서 시작합니다. "성경을 믿느냐?" 나는 당연히 그렇다고 말합니다. 그러면 "다음 질문이 성경에 기록되어 있으며 다 믿느냐?"라고 묻습니다. 나는 당연히 그렇다고 대답합니다. 그러면 마지막쯤에 가서 "하나님 어머니라고 성경에 기록되어 있다. 이것을 믿느냐?" 저는 아니라고 말합니다. 그러면 그들이 설문지를 보고 물어옵니다. "성경에 기록된 것을 믿는다면서 왜 하나님 어머니를 믿지 않으시냐?" 그러면서 하나님 어머니가 주는 생수를 어쩌고 하는 성경구절을 들이 밉니다. 저는 순간 모순에 빠집니다. 성경이 기록된 것을 믿는다고 해놓고선 성경에 기록된 것을 눈앞에서 부정해야 합니다. 저는 어떠한 논리도 근거도 없습니다. 그러나 저는 그것을 부정해야 합니다. 그렇다면 제가 잘못한 것일까요? 아니면 나에게 이런 구절을 준비해서 보여주는 그들이 잘못된 것일까요? 결국 상황과 판을 자신들에게 유리하게 짜놓고선 제게 정신없이 성경 구절들을 들이 댑니다. 그들의 근거와 논리도 성경이고 제가 반박하는 논리와 근거도 성경입니다. 성경과 성경이 충돌합니다. 결국에는 더 그럴싸한 구절을 많이 알고 있는 쪽이 이기게 됩니다. 즉 준비를 하고 덤벼드는 이단이 이길 수밖에 없습니다. 저는 구절들을 읽고 묵상합니다. 그러나 그들은 저를 넘어뜨리기 위해 구절들을 공격적으로 준비해서 옵니다. 제가 질 수밖에 없습니다. 이렇게 그들의 논리가 이겼다면 제 성경은 잘못된 것일까요? 아닙니다. 똑같은 성경이지만 그 성경 속에서 모순점을 찾아내고 자신들에게 맞게 유리하게 해석해서 그러한 것입니다. 그러면 제가 질문하겠습니다. 그쪽도 하나님 어머니가 성경에 기록되어 있으니까 믿으실 건가요? 아니지 않습니까? 성경은 자기들 마음대로 해석하고 이해해서는 안 되는 부분이 많습니다."

중간 중간 나누었던 이야기가 자세히 기억나지는 않지만 이야기를 하다 보니 그쪽에서 이렇게 말했습니다. "지금의 예수교 장로회예장나 기독교 장로회기장는 뿌리가 더러워서 더러울 수밖에 없다." 그러면서 칼뱅칼빈 이야기를 했습니다. 과거 칼뱅에 어긋났다는 이유로 많은 사람들을 죽였고, 지금의 예장과 기장은 이러한 살인을 저지른 칼뱅의 뿌리라고 말했습니다. 그래서 그들은 예장과 기장이 깨끗하지 않을 뿐 아니라 온전치 못하고 더럽다고 했습니다. 그래서 저는 그들에게 말했습니다.

"그렇다면 그쪽은 하나님이 보시기에 완전하고 깨끗하신가요? 그쪽은 깨끗하고 온전하다고 말할 수 있나요? 없잖아요. 그리고 아버지가 살인자라고 아들도 살인자입니까? 그것도 아니잖아요? 아버지가 그랬을지 몰라도 아들은 다를 수 있잖아요? 그래서 지금 한국에는 훌륭한 목사님들도 많이 계시고요. 그리고 거꾸로 생각해보면 칼뱅도 기존의 가톨릭에서 나왔으니 가톨릭이 뿌리겠네요. 그러면 그러한 가톨릭의 뿌리는 성경이고 하나님이니깐 성경과 하나님이 더럽나요? 그것도 아니잖아요. 그 사람이 한 행위를 놓고 다른 모든 것을 그렇게 싸잡으면 안 됩니다. 칼뱅 때에는 그것이 당연한 것이었을 것입니다. 영국도 가톨릭과 성공회가 국교로 번갈아 들어 서면서 많은 사람들이 이교도로 몰려 죽었습니다. 이것은 그 시대에는 어쩔 수 없었던 것입니다. 그러나 지금은 다르지 않습니까? 그때에는 평생 하나님을 모르고 살아갈 수 있었습니다. 그러나 지금은 하나님이 누구이며 어떤 분이신지 사람들이 대충은 알고 있습니다. 믿고 안 믿고는 그들의 자유입니다. 이렇게 시대가 변하지 않았습니까? 이러한 변화 속에 성경만이 진리라서 변하지 않고 있는 것입니다. 뿌리가 더럽다면 지금의 이단들도 다 더러운 건 마찬가지입니다." 그리고 그들이 마지막으로 제목이었던 '달 월月'이 무엇을 의미하는 지를 물었습니다. 저는 이렇게 답했습니다. "시나리오가 전개되는 과정에서 모든 것을 지켜보니 달과 달 빛 뿐이네요. 모든 것을 알고 있는 건 어쩌면 달이 될 수 있겠네요? 하지만 이건 너무 사이비적인 느낌이 나서 꼭 그쪽으로 유도하는 것 같아요. 비밀은 모두가 알고 있는 게 아니라 몇몇 소수만이 알고 있다는 식으로요"라고 답해줬습니다.

제가 기억나는 것은 여기까지 입니다. 여러 질문들도 많았고 성경 구절들도 많이 왔다 갔다 했던 거 같은데 제가 기억력이 모자라서 죄송합니다. 중간에 구원파를 가지고도 이야기 했던 것 같은데 믿음 부분에서 제가 군대에 있을 때 후임이 구원파를 믿었는데 그 후임 이야기로 해서 그들과 믿음을 놓고 이야기 했던 것 같은데 자세히 기억이 나질 않습니다. 죄송합니다. 최대한 기억해서 쓴 건데 도움이 될지 모르겠습니다. 저는 사실 목사님을 뵙기 전까지 이단과 저희가 무엇이 그렇게 다른지를 자세히 몰랐습니다. 교리가 다르거나 성경을 해석하는 것 그리고 구원에 대해 이해하는 방식이 달라서 다르다고만 알고 있었는데 목사님을 만나면서 확실하게 알게 되었습니다. 생각해보니 또 구원을 가지고도 이야기 했던 것 같은데 참 인간의 몹쓸 기억력이 저를 안타깝게 합니다. 이단이란 존재가 참 골치 아프기는 하지만 진짜가 있으니 가짜가 있는 것 아니겠습니까? 저는 오히려 이단을 보면서 안도 할 때가 있습니다. 아직 제 믿음이 부족해서 그런지 "진짜가 있으니까 저런 가짜가 있는 것이구나" 라고 하면서 하나님의 살아 계심을 다시 한 번 느낍니다. 언제가 될지는 모르겠지만 다시 한 번 뵙고 이야기를 나눠보고 싶습니다. 목사님 건강하시길 바랍니다. 의문점이나 질문하고 싶으신 것 있으시면 언제든지 연락주세요. 제 능력 이상으로 도움이 되고자 노력하겠습니다. 감사합니다."

사이비, 이단들은 신자들을 미혹하기 위해 항상 연구하고, 준비한다. 선교학 용어 중 '창의적 접근지역', '창의적 사역' 이라는 말이 있다. 복음을 전하는 것이 허용되지 않는 국가에서 창의적 방법으로 전도 할 수 있는 방법을 찾아야 한다는 말이다. 그래서 한국어 교실, 한국 문화 알리기, 민간 구호단체인 NGO, 사업을 통해 현지인을 접촉하는 비즈니스 사역 등으로 복음의 접촉점을 만든다. 선교사들은 선교지로 떠나기 전, 철저하게 연구하고 준비한다. 그런데 사이비, 이단들의 모습을 보면 자신들의 목적을 달성하기 위해 창의적인 방법을 잘 활용하고 있는 것을 볼 수 있다. 이런 창의적인 방법으로 이단들은 정통교회 신자들을 미혹하고 있다. 더 나아가 목적을 달성하기 위해 거짓말을 서슴없이 사용하고 있는 실정이다. 그렇다면 정통교회는 어떻게 대응해야 할 것인가? 아니 대응할 수 있는가? 분명히 막을 수 있다. 어떻게 해야 하는가? 준비해야 한다. 우선 복음을 언제든지 전할 수 있는 준비를 해야 한다. 또 성경에서 말씀하고 있는 지혜를 갖추어야 한다. 사이비, 이단들의 지혜는 땅 위의 것이며, 정욕적이면서 귀신에게 속한 것이다. 그 특징은 진리를 거슬러 거짓말을 한다. 그러나 우리의 지혜는 위로부터 난 지혜 즉 하나님께 속한 지혜다.

"보라 내가 너희를 보냄이 양을 이리 가운데로 보냄과 같도다 그러므로 너희는 뱀 같이 지혜롭고 비둘기 같이 순결하라"__마10:16

"너희 중에 누구든지 지혜가 부족하거든 모든 사람에게 후히 주시고 꾸짖지 아니하시는 하나님께 구하라 그리하면 주시리라"__약1:5

"너희 중에 지혜와 총명이 있는 자가 누구냐 그는 선행으로 말미암아 지혜의 온유함으로 그 행함을 보일지니라 그러나 너희 마음 속에 독한 시기와 다툼이 있으면 자랑하지 말라 진리를 거슬러 거짓말하지 말라 이러한 지혜는 위로부터 내려온 것이 아니요 땅 위의 것이요 정욕의 것이요 귀신의 것이니 시기와 다툼이 있는 곳에는 혼란과 모든 악한 일이 있음이라 오직 위로부터 난 지혜는 첫째 성결하고 다음에 화평하고 관용하고 양순하며 긍휼과 선한 열매가 가득하고 편견과 거짓이 없나니 화평하게 하는 자들은 화평으로 심어 의의 열매를 거두느니라"__약3:13-18

"너희 마음에 그리스도를 주로 삼아 거룩하게 하고 너희 속에 있는 소망에 관한 이유를 묻는 자에게는 대답할 것을 항상 준비하되 온유와 두려움으로 하고 선한 양심을 가지라 이는 그리스도 안에 있는 너희의 선행을 욕하는 자들로 그 비방하는 일에 부끄러움을 당하게 하려 함이라"_벧전3:15-16

6 적반하장

"적반하장賊反荷杖도 유분수지." 우리는 가끔 적반하장이라는 말을 사용한다. 적반하장이 무엇인가? 적반하장은 잘못한 사람이 도리어 잘한 사람을 나무라는 경우에 쓰는 말이다. 최근 이단을 만났던 제자들의 말을 듣고 있다 보면 적반하장이라는 단어가 저절로 떠오른다. 현재 C대학 프랑스어과를 다니는 소희는 나와 소그룹 성경공부를 하고 있다. 소희가 내게 말했다.

"선교사님, 저희 과에 어떤 언니가 있는데 이단 같아요."

"왜?"

"저희 과 선배 언니가 있는데, 저희 친구들이 인사를 하면 친절하게 받아줘요. 그리고 이름이 뭐냐고 물어본 후 자기와 전화번호를 교환하자고 말해요."

"그 언니는 사교성이 좋은가보다. 소희도 전화번호 알려줬어?"

"예."

"그러면 그 언니와 친해졌어?"

"예, 사실 저희 과 친구들 중에 기독교인이 저 밖에 없거든요. 그리고 제 핸드폰 카카오톡 대화명이 "주님, 감사합니다." 이에요. 그런데 언니가 제 카카오톡 대화명을 알고 난 후, 제게만 집중적으로 연락을 하고 있어요."

"그러면 그 언니가 연락해서 뭐라고 말해?"

"저와 같은 기독교인을 만나서 정말 반갑다고 말했어요. 그리고 제

꿈이 뭐냐고 물어봤어요."

"그렇구나."

"그 언니는 저에게 자꾸 연락하면서 만날 약속을 잡으려고 얼마나 노력하는지 몰라요."

"그래서 만났어?"

"아니요. 저는 솔직히 부담도 되고, 의심스러워서 약속을 미뤘어요. 그리고 어떤 날은 약속을 안 지켰어요. 그런데 그 언니는 전혀 화를 내지 않았어요. 심지어 제게 최근에 인기가 있는 베스트셀러인 책도 선물로 사줬어요."

"와, 정말 지극 정성인데."

"그러면서 다짜고짜 자기가 하나님을 믿게 된 계기며, 교회 다니면서 상처받은 일을 제게 말했어요. 또 자신은 대한 예수교 장로회 소속 교회를 다니고 있다고 말하는 거예요. 그런데 언니가 자신에게 하나님을 믿게 해준 어떤 선교사님이 계신다고 말했어요."

"선교사라고?"

"예, 자기에게 신앙을 갖게 해 준 선교사님이 계신데 저에게 꼭 소개해 주고 싶다고 말했어요. 자기에게는 정말 소중한 분이라고 말하면서요. 그래서 저는 "그분 교회가 어디세요?" 라고 물었어요. 그랬더니 "어, 잘 기억이 않나네. 나 어떡해? 선교사님께 혼나겠다." 라고 얼버무렸어요."

"소희야, 그 언니라고 하는 사람 정말 이단 같다."

"그래서 제가 그 선교사님 연락처를 알려달라고 말했어요. 제가 직접 연락해보고 만나겠다고 말했거든요."

"그랬더니 뭐라고 말해?"

"언니가 "그건 안 돼. 그것은 예의가 아니야." 라고 말했어요. 저는 그 말을 듣고, 점점 더 언니를 의심하게 되었어요."

그 후 소희는 자신에게 자꾸 연락하는 선배에게 용기를 내어서 문자를 보냈다. "저, 언니 진짜 미안한데요. 솔직히 말하면 저는 언니가 일명 신천지라고 불리는 이단이 아닌지 의심이 돼요." 잠시 후 그 문자를 받은 소희의 과 선배는 카카오톡[2]으로 연락을 했다. "당장 전화를 받아라. 왜 전화 안 받는 거야?" 라고 화를 내면서 연락을 보내왔다. 그 전까지 한 번도 화를 내지 않고 상냥했던 선배였기에, 소희는 겁이 났다.

"언니, 미안해요. 죄송해요."

"야, 너하고 얘기한 것은 하나님 밖에 없는데, 하나님 얘기하는 사람이 이단이냐? 너, 나한테 준 상처는 어떻게 할 거야?"

이 일이 있은 후, 소희는 더 이상 그 선배와 연락하지 않았다. 그러나 마음 한편으로는 이단이 아닌 사람을 의심한 것은 아닌지 걱정을 했다. 나는 소희의 모든 말을 들은 후, 걱정하지 않아도 된다고 말했다. 그리고 분명 이단인 것이 확실하니까 미안해 할 것도 없다고 말해주었다. 왜냐하면 최근 이단이 사용하는 전형적인 수법이기 때문이다. 함께 사역하고 있는 정화 선교사로부터 전화가 왔다.

"선교사님, 드릴 말씀이 있습니다."

"무슨 일 있어?"

"근태가 신천지 사람과 만나서 성경공부 할 뻔 했습니다."

"그래?"

"근태가 저와 성경공부를 한 후, 누구를 만난다고 하기에 누굴 만나냐고 물어봤습니다. 그런데 근태 말을 듣고 나니 이단인 것이 분명

---

2) 핸드폰 무료 문자 서비스에 일종이다.

했습니다. 그래서 만나지 말도록 말했습니다."

"정화 선교사가 잘했네. 고생했어."

다음날 학교에서 근태를 만났다. 그리고 일의 자초지종을 들었다. 근태 친구는 종교가 없다. 어느 날 시내에서 낯선 사람을 만났다. "저는 신학대학교 학생인데 과제를 해야 합니다. 제 과제를 도와주시면 좋겠습니다." 그래서 근태 친구는 도움을 주기로 했다. 신학생은 영화도 보여주고, 카페에서 맛있는 커피도 사 주었다. 드디어 과제를 돕기로 한 날이 되었다. 근태 친구와 신학생이 만났다. 그런데 신학생은 "만나게 해주고 싶은 전도사님이 있다."고 하면서 근태 친구를 어디론가 데리고 갔다. 그런데 성경을 전도사라고 하는 사람이 가르쳤다. 전도사라는 사람의 말을 듣고 난 후, 근태 친구는 이렇게 말했다. "사실 저는 성경에 관심이 없습니다. 이제 그만하겠습니다." 그러자 신학생은 근태 친구에게 이렇게 말했다. "그러면 네 친구 중에 교회 다니는 사람 한 명만 소개 시켜주면 좋겠어." 근태 친구는 신학생에게 근태 전화번호를 알려 주었다. 얼마 후 근태는 신학생으로부터 연락을 받았다. 문자로 연락을 주고받았다. 알고 보니 신학생은 근태보다 세 살이 많았다. 신학생은 어머니가 전도사라고 말했다. 그래서 자기도 어머니와 같은 길을 걷기 위해 신학교를 다니게 되었다고 했다. 정화 선교사와 성경공부모임이 있던 날, 근태는 성경공부가 끝나면 신학생을 만나려고 하였다.

"근태, 이제 어디로 갈 거야?"

"저 누구 만나러 갈 거예요."

"누굴 만날 건데?"

"과제물 도움을 요청한 신학생을 만날 거예요."

"근태야, 선교사님이 생각할 때 그 신학생 이상한 것 같다. 가지 마라."

이렇게 해서 근태는 신학생을 만나러 가지 않았다. 그리고 근태는 신학생에게 문자를 보냈다.

"어느 신학교에 다니세요?"

"나는 담양에 있는 바이블칼리지를 다니고 있어."

"혹시 이단 아니세요?"

"뭐라고, 절대 아니다. 그것 때문에 오늘 안 만난거야? 참 어의가 없네. 과제하다가 별일을 다 당하네."

그 날 이후로 신학생이라고 사칭한 사람은 근태에게 더 이상 연락하지 않았다. 나는 근태와 대화를 하면서 정화 선교사의 말을 들은 것에 대해 칭찬해 주었다. 그리고 근태에게 이렇게 말했다. "근태야, 그 신학생이라고 말 한 사람은 너에게 거짓말 한 거야. 지금 그 사람이 다니고 있다는 신학교에 전화해서 확인해보자." 근태가 보는 앞에서 그가 다니고 있다는 신학교에 전화를 걸었다. 그리고 학교 담당자와 통화를 했다. 근태가 만나려 했던 신학생의 이름과 학번을 말해 주었다. 확인해 본 결과, 그런 학생은 없었다. 이것을 지켜본 근태는 황당해 했다. 그리고 이렇게 말했다.

"제가 의심하니까 완전 어이없다는 식으로 말했어요."

"근태야, 이단은 자신들이 잘못을 하면서도 마치 네가 잘못하는 것으로 뒤집어 씌운다. 이것을 적반하장이라고 하는 거야."

이단들은 사람들을 미혹하기 위해서 친절하게 다가온다. 그러나 그들의 속셈은 결코 선한 것이 아니다. 그래서 성경은 우리에게 이렇게 교훈하고 있다.

"그런 사람들은 거짓 사도요 속이는 일꾼이니 자기를 그리스도의 사도로 가장하는 자들이니라 이것은 이상한 일이 아니니라 사탄도 자기를 광명의 천사로 가장하나니 그러므로 사탄의 일꾼들도 자기를 의의 일꾼으로 가장하는 것이 또한 대단한 일이 아니니라 그들의 마지막은 그 행위대로 되리라"_고후 11:13-15

특별히 수능시험을 마친 학생들과 학부모들에게 말하고 싶다. 시험을 마친 학생들을 향해 이단들은 갖은 방법을 동원해서 접근할 것이다. 친절한 선배인 것처럼 위장해서, 신실한 그리스도인 것처럼 위장해서 학생들을 미혹할 것이다. 불을 보듯 확실하다. 그래서 마음이 답답하고 고통스럽다. 지역교회 신자들이 이단으로부터 미혹당하는 것을 피하기 위해서는 항상 주의하는 태도를 갖아야 한다. 그것은 정기적인 이단예방교육으로 가장 큰 효과를 낼 수 있다.

7 전도하다가 만난 언니

언제나 캠퍼스의 아침은 싱그럽고, 희망에 부풀어 오르게 한다. 개강한지 3주가 지났다. 3주가 지나고서 2학기 첫 출근을 했다. 보름 동안 외국에서 이단예방강의 사역을 하고 왔기 때문이다. 이른 아침, 교정을 지나 제자들이 있는 동아리 방으로 올라갔다. 기쁜 마음으로 인사를 하고, 말씀으로 하루를 열었다. 아침 경건의 시간이 끝난 후, 책을 읽고 있었다. 정화 선교사는 혜미와 대화를 했다. 내용을 들어보니 혜미가 누군가와 계속 연락을 주고받고 있다는 것이었다.

"혜미야, 무슨 일 있어?"

"아니요. 제가 얼마 전, 캠퍼스 전도 모임 때 어떤 언니를 만나서 전도를 했어요. 정화 선교사님과 같이 전도를 했거든요."

"그래?"

"그런데 제가 전도 한 언니가 매일 연락해요. 밥 먹었는지, 지금 무엇하고 있는지 카카오톡으로 물어봐요."

옆에 있던 정화 선교사가 말했다. "선교사님, 외국 나가 계실 때 저희가 캠퍼스에 전도하러 나갔습니다. 혜미가 3학년 여학생에게 소책자로 전도를 했습니다. 그런데 계속 그 여학생이 혜미에게 연락을 한다고 하기에 이상하다고 생각했습니다. 그래서 조심하라고 했습니다." 나는 혜미에게 자세히 말해 줄 것을 부탁했다.

"그 언니가 학교 벤치에 혼자 앉아서 김밥을 먹고 있었어요. 제가 전도하는 중인데 교회 다니냐고 묻자 다닌다고 말했어요. 그리고 제게 기특하다고 말해 주었어요. 자기는 시간이 안돼서 선교단체에 안 들어갔다고 말하면서 제자들선교회D. F. C.는 어떤 활동을 하는지 물어봤어요."

"그래?"

"제가 언니에게 교회는 어디 다니는지 물어봤더니 진월동 희망교회를 다닌다고 말했어요. 십오 분 정도 대화한 후, 신앙생활 잘하고 교회 잘 다니시라고 말하고 헤어지려고 했어요."

"그런데?"

"언니가 나중에 만나면 좋으니까 연락이나 하자면서 전화번호를 알려달라고 말했어요. 나중에 밥도 같이 먹자고 하면서요. 정말 인상도 좋고, 말을 굉장히 잘해요."

"그랬구나."

"저와 정화 선교사님은 목요일에 전도모임을 했는데, 금요일에 카카오톡으로 연락이 왔어요."

혜미는 내게 카카오톡으로 온 문자 메시지를 보여 주었다.

"혜미야ㅋ, 안녕 어제 봤던 언니야ㅋ"

"네ㅋ 수업 중이에여ㅋ"

"아아ㅋ미안, 무슨 수업 들어?ㅋ"

"해부학여ㅋㅋ"

"아아ㅋ와우 그래 잘들엉 언니도 수업 시작했다ㅋ"

"또 수업이에여…ㅠㅠㅋㅋ"

혜미와 그 여학생은 수업이 끝난 후에도 계속 연락을 주고받았다. 혜미가 기숙사에 있을 때도 자신은 지금 집에 가는 중이라고 문자를 보냈다. 심지어 혜미가 살고 있는 시골집에 언제 내려가는 것까지 물었다. 혜미는 "내일 첫차로 갈 거예요."라고 대답해 주었다. 그 이후에도 서로 문자를 주고받았다. 혜미는 이런 사실을 정화 선교사에게 말했던 것이다. 이것을 이상하게 생각한 정화 선교사는 혜미에게 주의 하도록 권면했다. 정화 선교사는 혜미가 보는 앞에서 혜미의 핸드폰으로 여학생에게 문자를 보냈다.

"언니 교회가 어디라고 했죠?"

"희망교회ㅋㅋ 웽?ㅋㅋ"

"진월동이요?"

"백운동ㅋ"

"백운동이요? 저번에 진월동이라고 하지 않으셨어요?ㅋ"

"진월동에 내가 산다고 했자낭ㅋㅋ"

"그럼 교회는 백운동에 있는 거예요?"

"응ㅋ"

"아 네ㅋㅋ"

"엄청 집요하게 물어보구나"

"^^ 요즘에 이래저래 어지럽고 흉흉해서요. 속이는 사람들이 엄청

많드라구요"

"헐ㄱㅜㅜ 언니를 그렇게 보다니 쫌 서운하구낭ㅋㅋㅋㅋ 아 졸립다우"
정화 선교사는 혜미에게 말했다.

"처음에 진월동 희망교회 다닌다고 하다가 백운동에 교회가 있다고 했지? 검색 해 보니까 희망교회는 진월동에 있지 백운동에는 없어. 일단 말을 바꾸는 것이 수상해. 내가 혜미 앞에서 그 학생이 이상하다는 것을 보여줄게."

"어떻게요?"

"잘 봐. 내가 진월동에 있는 희망교회에 지금 전화할게."

잠시 후, 정화 선교사는 진월동 희망교회로 전화를 했다.

"여보세요? 안녕하세요? 저는 제자들선교회D. F. C.에서 사역하는 김정화 선교사라고 합니다. 다름이 아니라 저희 학생이 전도를 하다가 희망교회를 다니는 학생을 만났습니다. 혹시 C대학 C학과에 재학 중인 김○○이라는 여학생이 희망교회를 다니고 있습니까?"

"아니요, 그런 학생은 저희 교회 다니지 않습니다."

"네, 감사합니다."

혜미는 자신이 만났던 여학생에 대해 실낱같은 희망을 갖았다. 그러나 자신의 눈앞에서 모든 것이 밝혀지자 실망스러운 표정을 지었다. 혜미에게 다음과 같이 말했다. "혜미야, 많이 실망스럽지? 전도하다보면 간혹 이상한 일도 생긴다. 예전에 선교사님 여자 후배는 전도하다가 어떤 남자를 만났는데, 계속 연락을 하는 거야. 자기가 지금 예수님을 믿고 싶은데 자기가 있는 곳으로 와 달라는 것이었어. 다행히 후배가 그 사람을 만나러 나가려는 순간에 나를 만나서 이야기를 했어. 나는 후배의 말을 듣자마자 그 남자가 불순한 의도를 가지고 연락한 것이라는 것을 알았어. 후배는 "그래도 진짜 예수님을 믿으려고 해서, 제 도움이 필요해서 연락한 것은 아닐까요?'라고 울면서 말했어. 혜미도 전도하다 만난 그 여학생이 좋은 사람이길 기대했을 거야. 그렇지만 선교사님들이 캠퍼스 사역을 하면서 이런 경우를 여러번, 이 자리에서 경험했거든. 선교사님 생각에는 세칭 이단 신천지가 하는 수법이야. 아무튼 정화 선교사님이 네 옆에 있어서 다행이라고 생각해."

많은 사람들이 이단 전도자를 만나면 그들의 잘못된 것을 분명하게 알기 위해 만남을 지속적으로 갖는 경우가 있다. 분명하게 알고 난 후, 결정을 해도 늦지 않는다고 생각하기 때문이다. 정말 그럴까? 다음은 CBS에서 보도한 동영상의 일부 내용이다.

"올 해 31살인 윤 모씨. 모태신앙으로 자라난 윤씨는 지난 2002년 친구를 따라 월드컵 축구 응원단 단원으로 활동하다 '국제크리스챤연합' 즉 JMS 정명석 집단에 빠져 들어가게 되었습니다. 정명석을 하나님으로 믿으며 7년간 빠져 있다가 부모의 강력한 설득과 상담의 도움으로 헤어 나올 수 있었습니다."

잠시 후, 윤 씨의 인터뷰가 이어졌다.

"인정하고 싶지가 않은 거예요. 틀린 것은 알겠는데 그래도 나는 다시 거기 가겠다. 이런 상황을 계속적으로 반복했거든요. 그러다가 결국 복음을 받아들이고 이렇게 되니까 정리가 되더라고요."

분명하게 알 때까지 만나 보겠다는 생각은 위험한 것이다. 별다른 것이 지혜가 아니다. 오히려 이상하다고 느끼고 생각이 들면 만나지 말아야 한다. 이것이 지혜로운 행동이다. 성경은 우리에게 말씀하고 있다.

"미혹하는 자가 세상에 많이 나왔나니 이는 예수 그리스도께서 육체로 오심을 부인하는 자라 이런 자가 미혹하는 자요 적그리스도니 너희는 스스로 삼가 우리가 일한 것을 잃지 말고 오직 온전한 상을 받으라 지나쳐 그리스도의 교훈 안에 거하지 아니하는 자는 다 하나님을 모시지 못하되 교훈 안에 거하는 그 사람은 아버지와 아들을 모시느니라 누구든지 이 교훈을 가지지 않고 너희에게 나아가거든 그를 집에 들이지도 말고 인사도 하지 말라 그에게 인사하는 자는 그 악한 일에 참여하는 자임이라"__요이1:7-11

"사랑하는 자들아 너희는 우리 주 예수 그리스도의 사도들이 미리 한 말을 기억하라 그들이 너희에게 말하기를 마지막 때에 자기의 경건하지 않은 정욕대로 행하며 조롱하는 자들이 있으리라 하였나니 이 사람들은 분열을 일으키는 자며 육에 속한 자며 성령이 없는 자니라"__유1:17-19

8 선교사로 나갑니다

동료 선교사의 장례식을 마치고 춘천에서 광주 집으로 돌아왔다. 너무 피곤해서 일찍 잠이 들었다. 새벽에 일어나 전화기를 열어 보았다. 연주가 보낸 카카오톡 문자가 있었다. "선교사님, 저 이단이랑 대화했어요." 걱정이 되었다. 개강 한 후 일본 사역으로 약 3주를 비우고 또 홍 선교사의 장례식 때문에 캠퍼스를 비웠기 때문이다. 아침이 되어 연주에게 전화를 했다.

"연주 어제 이단 만났어?"

"예."

"그 사람이 뭐라고 했는데?"

"자기가 선교사로 나갈 건데 나가기 전에 다른 사람과 말씀 공부를 하고 싶다는 거예요."

"그 사람 이단이네. 신천지."

"네, 저도 그렇게 생각해요."

"내일 만나서 자세하게 말해 줄 수 있지?"

"당연하죠."

사실 연주는 대학에 와서 세칭 신천지로부터 여러 번 연락을 받았다. 연주 누나가 잠시 신천지에 미혹된 적이 있었다. 또 학교 신문사 기자를 사칭해 연주에게 접근한 적이 있었다. 그 외에도 월드비전, CBS라고 하면서 전화를 했다. 그 때마다 선교회 선교사들과 대화하고 지혜롭게 대응해서 미혹당하지 않았다. 한 번은 연주의 재치 있는 말로 요절복통했다. 연주는 학교에 올라오는 길에 신천지 전도자를 만났다. 그리고 연주 특유의 장난기가 발동했다.

"선교사님, 제가 학교 올라오는데 신천지에서 사람들이 나왔어요."

"연주 또 만났어?"

"네, 그쪽에서 말을 걸어 왔어요." "안녕하세요? 저희는 신천지에서 나왔습니다."

"아, 그러세요? 사실은 저도 신천지 베드로 지파입니다."

"정말입니까? 너무 반가와요."

"그런데 얼마 전에 구원파로 옮겼습니다." 라고 그 사람들에게 말해 줬어요."

"그랬더니 뭐래?

"자기들끼리 수군거렸어요. 저보고 '배도자'라고 말했어요."

"연주니까 가능한 일이다. 너무 자신하지 말고 항상 조심해."

"네, 선교사님."

아침 성경묵상 모임을 마치고 연주를 만났다. 자신에게 있었던 일을 자세하게 설명 해 주었다. 연주는 학교 후문을 나가고 있었는데 남자 한 명, 여자 한 명이 자신에게 접근했다고 말했다.

"선교에 대해서 들어보셨나요?"

"네, 당연하죠. 제가 지금 선교단체 활동을 하고 있습니다. 그리고 교회에서 찬양팀으로 활동하고 있습니다."

"아, 그러십니까?"

"그럼 선교는 어디로 나가세요?"

"내년에 미국, 필리핀으로 나갑니다. 그 나라에서 말씀을 선포해야 하는데 국내에서 미리 연습한 후 가고 싶은데 혹시 말씀 들어 주실 생각 있으신가요?"

"네, 당연하죠."

"그러시면 바로 연락드릴 테니까 전화번호 교환할까요?"

옆에 함께 있던 여자는 연주에게 칭찬을 아끼지 않았다. "인상이 너무 좋으시네요. 반응도 좋으시고 아무튼 다 좋습니다." 그 남자는 계속해서 말했다.

"그러면 언제 시간되십니까?"

"중간고사 끝나고나 만나죠."

"저희가 급해서 그러는데 빨리 만날 수 없나요?"

"내년에 갈 거면 뭐가 급합니까?"

"준비할 것도 많아서 그렇습니다."

"그렇다면 화요일에 연락주시면 저녁에 만나시게요."

연주는 그들과 다시 연락하기로 하고 헤어졌다. 다음날 연주에게 카카오톡으로 연락이 왔다.

"안녕하세요? 저번에 만난 선교 간다는 사람입니다."

"반갑습니다."

"오늘 뭐하셨어요?"

"왜 제가 그걸 말해야 하죠?"

"제가 싫으신가요? ㅠㅠ"

"남자분이세요?"

"왜 남자면 싫으신 거예요?"

"네."

"헐."

"농담입니다. 말씀 전해 주시기 전에 출신교회와 선교 보내는 선교단체를 정확하게 말씀해 주세요."

"예, 성지교회 출신입니다."

"선교단체는 말씀 안 해주시나요?"

"예, 교회에서 선교 보내 줍니다."

"그럼 제가 성지교회 청년부 아는 친구들이 많은데 물어봐도 될까요?"

"저는 성지교회 청년부와 친하지 않습니다. 물어봐도 모르실 겁니다."

"성지교회 청년부는 서로 다 알고 있습니다. 건강하지 못한 신앙생활을 하고 계시군요."

"그렇게 제 말이 이단으로 의심되나요?"

"항상 조심해야죠. 안 믿겨지는 게 아니라 출신을 명확히 하고 싶어서 입니다. 그것이 그렇게 어렵나요? 그냥 쉽게 선교기간과 선교 담당자만 말씀해 주시면 되는데 그 정도도 못해 주시나요?"

"화가 나네요. 같은 믿는 사람으로서 이단이라고 의심하는 건 정죄 아닌가요? 저는 저희 목사님에게 의심하는 것도 정죄라고 배웠습니다."

"제가 지금 의심했나요? 제가 출처를 정확히 해두고 싶어서 물어본 것뿐인데 뭐가 그렇게 화가 나시나요?"

"아, 답답하네요. 제발 한 번만 만나서 말씀 들어보시고 이단인지 아닌지 확인하시면 안 될까요?"

"화날 이유도 없고 답답할 이유도 없어요. 그 담당자 분에게서 확인만 하면 돼요."

"아, 할 말이 없네요."

"아니 제가 뭐 어려운거 시켰나요? 담당자와 선교기간이 언제인지 알려주시면 제가 성지교회에 연락해서 확인만 하면 되는데 그게 그렇게 힘든 일인가요? 선교가 그렇게 간절하다면 지금 이 정도는 해 주셔야 하는 것 아닌가요? 이 정도 요구사항도 못 들어 주실 거면 선교 나가라고 말하고 싶지 않네요."

"같이 믿는 사람으로서 그렇게 의심하는 것이 부끄럽네요."

"저는 납득이 안 되네요. 그냥 증명만 하면 된다고요. 답답합니다. 연락하지 마세요."

두 사람은 옥신각신 카톡으로 문자를 주고받았다. 그리고 그 남자는 연주에게 화를 내면서 문자를 보냈다.

"마지막으로 한마디만 할게요. 이단 두려워하시면 신앙 못합니다. 지금 함께 되돌려야 할 이단이 많은데 의심스러워 만나지도 못할 정도라면 정말 신앙초보시고, 선교단체 있을 자격도 없으신 것 같아요. 적어도 같은 선교단체라는 이름 안에 있으면 그 정도 두려움도 없이 나가야지 해외선교는 어떻게 나가요? 거기선 심지어 다른 것을 전하면 총 쏘고 난리인데 그 정도 두려움으로 어디 하나님 믿는다고도 하지 마세요. 요즘 신천지, 구원파 그 사람들은 죽게 놔둘 거예요? 어쩔 수 없다고 하면 그건 틀린 생각입니다. 진심으로 말합니다. 그따위로 신앙하시려면 신앙하지마시고 그냥 교회 다닌다고도 하지 마십시오. 하나님은 당신 같은 사람 원하지 않으시니까."

연주는 그에게 답장했다. "하나님 앞에 섰을 때 모두 알게 되겠죠."

연주의 이야기를 듣는 순간, 성지교회에서 파송 받는다고 말한 남자의 말이 거짓인 것을 알 수 있었다. 그래서 성지교회 이 목사님에게 전화를 했다. 이 목사님과 나는 초등학교 동창이다. 또 우리는 서로를 소중히 여기는 동역자다. "혹시 성지교회에서 내년에 미국과 필리핀으로 선교 파송하는 청년이 있습니까?"라고 물어보았다. 목사님의 대답은 예상했던 대로다. "그런 청년 없습니다."

9 우리 아이가 대학에 들어갔어요

이단, 사이비 집단은 젊은이들을 미혹하기 위해 혈안이 되어 있다. 젊은 청년들이 가장 많이 모인 곳은 대학이다. 그래서 대학생들을 대상으로 활발한 활동을 하고 있다. 그들은 학교 정식 동아리가 되려는 시도를 그치지 않는다. 그 이유는 학내에서 공인된 동아리가 되면 어떠한 행사를 학교에서 해도 제재를 받지 않기 때문이다. 심지어 기존 동아리에 위장 가입해서 자신들의 단체로 잠식하기도 한다. 이런 상황이 되다보니 대학에 자녀를 보낸 학부모는 걱정이 크다. 간혹 이런 질문을 받는다. "목사님, 지난 번 교회에서 강의를 들은 아무개 집사입니다. 저희 아이가 이번에 대학에 들어갔습니다. 아이가 친구들을 따라서 동아리에 들어간다고 합니다. 그런데 워낙 대학에도 이단들이 많아서 걱정이 큽니다. 어떻게 해야 할까요?" 또 당사자인 학생도 고민을 많이 한다. 어느 크리스천 대학생이 보낸 편지다.

안녕하세요? 김주원 목사님.

저 여수S교회에서 이단특강 들었던 학생인데요. 제가 전북대학교에 올해 들어와서 2학기에 Y선교회라는 동아리에 들게 되었습니다. 이단의 기미는 보이지 않는데 걱정하시는 부모님 때문에 인터넷에서 찾아보다가 신新사도운동 때문에 이단으로 의심받는 것을 보게 되었습니다. 정말로 이단인가요? 만약 이단이라면 어떻게 말하고 나와야 하나요? 계속 혼자 고민하다가 목사님께 여쭤 보는 게 좋을 것 같아서 이렇게 메일을 보냅니다. 답변 기다릴게요. 감사합니다.

그 어느 때보다 크리스천 학부모와 학생들은 이단 때문에 걱정이 많다. 이렇다보니 자녀를 대학에 보낸 크리스천 부모는 항상 긴장을 하게 된다. 예전에는 "우리 아이가 대학가서 데모나 안 해야 하는데."라고 고민했다면, 지금은 혹시라도 사이비, 이단에 미혹될 까봐 걱정하는 부모들이 많아졌다. 심지어 대학에서 활동하는 건전한 기독교 선교단체에 들어가는 것까지 기피하는 크리스천 부모도 많이 있다. 여러 이유 중 하나는 교회에 초청된 일부 이단사역자들의 말 때문이다. "자녀들이 대학에 들어가면 선교단체 가입하는 것을 주의해야 합니다. 왜냐하면 선교단체 안에 이단이 숨어 있기 때문입니다." 이단사역자가 힘주어서 말하는데 영향을 받지 않을 부모가 없다. 부모는 대학에 들어간 자녀에게 이렇게 말한다. "대학교 들어가서 동아리 활동 절대로 하지 말고, 교회만 잘 다녀. 알았지?" 한 번은 장흥에서 목사님 한 분을 만났다. 이렇게 말했다. "우리 교회는 이번에 대학 들어간 청년들에게 선교단체 들어가지 말라고 말했습니다. 이단들이 그곳에도 숨어 있기 때문입니다." 그 말을 들은 후, 캠퍼스 선교사역을 하고 있는 나로서는 안타까웠다.

우선 이단사역자들에게 말하고 싶다. 우리 속담에 "아 다르고, 어 다르다."는 말이 있다. 강의하는 사람들은 특별히 말을 조심해야 한다. 일부 이단사역자들이 말하는 것처럼 캠퍼스 선교단체 내부에 이단이 숨어 있을 수 있다. 그렇기 때문에 대학에 진학한 학생들이 선교단체에 들어가지 않으면 정말 이단으로부터 안전할 수 있을까? 천만에 말씀이다. 나는 캠퍼스 선교사로서 자신 있게 말할 수 있다. 그것은 결코 좋은 대안이 되지 못한다. 세칭 신천지와 같은 이단은 교회 안에서 자신의 신분을 노출시키지 않고 호시탐탐 미혹할 상대를 찾고 접촉한다. 그렇다고 교회를 떠나는 것이 안전한 방법일까? 그럴 수 없다. 이단으로부터 가장 안전한 방법은 교회 공동체 안에 있는 것이다. 그리고 정기적으로 이단예방교육을 교회에서 실시할 때 효과가 크다. 마찬가지다. 대학에서 크리스쳔 대학생들이 이단으로부터 미혹당하지 않고 자신의 신앙을 지킬 수 있는 가장 안전한 방법은 건전한 기독교 선교단체에 가입하여 신앙공동체 안에 소속되는 것이다. 그리고 이단예방교육을 포함한 신앙훈련을 받을 때 피해를 최소화 할 수 있다. 선교단체 안에는 헌신된 캠퍼스 선교사들이 있다. 그들은 이른 아침 캠퍼스로 출근해서 학생들과 함께 성경묵상을 한다. 또 학생들에게 성경을 가르치고, 전도를 한다. 그들은 그 누구보다 캠퍼스의 영적상황을 잘 알고 있다. 이단사역자들이 자신의 분야에 전문가이듯, 캠퍼스에서는 선교단체 사역자들이 전문가라는 것을 잊지 않았으면 좋겠다. 오히려 서로 부족한 것을 보완할 수 있는 동역의 관계가 되도록 노력해야 할 것이다.

자녀를 대학에 진학시키는 크리스쳔 부모들에게 말하고 싶다. 자녀들이 대학에서 사이비, 이단에게 미혹되지 않는 가장 좋은 방법은 건전한 선교단체에 가입해서 신앙훈련을 받는 것이다. 만약 이단에 미혹되지 않고, 세속에 물든다면 어떻겠는가? 이 또한 심각한 일이다. 자녀들이 대학 생활하는 동안 신앙훈련을 받지 않고, 사회로 진출한다면 신앙을 지키기가 훨씬 어려울 것이다. 혹시 자녀가 교회보다 선교단체에 더 관심을 갖고 활동하는 것에 걱정이 있는가? 물론 균형을 유지해야 하지만 우리의 삶은 좌, 우로 흔들리면서 균형을 몸에 익힌다. 그리고 캠퍼스 선교단체는 한시적 활동이다. 결국 평생 신앙생활 할 곳은 지역교회다. 자녀에게 좋은 선교단체를 권하고, 자녀가 활동할 캠퍼스 선교단체 담당 선교사와 좋은 유대관계를 맺으면 정말 우리 아이를 위해 잘 한 일이라고 생각할 것이다.

이제 독자들의 이해를 돕기 위해 내가 캠퍼스 선교사가 된 과정을 간략하게 소개하고 싶다. 나는 4대째 모태신앙인이다. 지금 우리 아이들은 5대째 신앙생활을 하고 있다. 지금까지 신앙생활을 이만큼 할 수 있었던 것은 아버지의 영향이 크다. 나는 어릴 적, 매 주일 주일학교예배를 드렸다. 여름 성경학교는 정말 최고였다. 새벽 6시, 오전10시 그리고 오후 3시. 빠지지 않고 참석하면 선생님은 명찰에 스티커를 붙여 주었다. 주일학교를 졸업한 후, 자연스럽게 학생회에 들어갔다. 주일학교와는 달랐다. 여름, 겨울 수련회 그리고 문학의 밤. 성탄절 전 날, 성탄 전야 예배와 2부 행사가 있었다. 그리고 학생부 회원들은 교육관에 모여 선물 교환식을 했다. 자정 쯤 되면 떡국을 한 그릇씩 먹고, 아기 예수님 탄생을 알리기 위해 새벽 송을 다녔다. 무릎까지 눈이 내려 걷기가 힘들었지만 어깨에 짊어진 마대 자루는 두둑해졌다. 방문한 가정마다 과자를 듬뿍 주셨기 때문이다. 이렇게 모인 과자는 선생님들께서 정리하였다. 우리도 옆에서 도왔다. 작은 비닐에 과자를 종류대로 넣었다. 성탄절 오전 예배를 드린 후, 학생들은 비닐에 들어 있는 과자를 하나씩 받았다. 이렇게 나의 학창시절은 집,

학교 그리고 교회가 전부였다.

　모태 신앙인이었지만 최대의 고민이 있었다. 구원의 확신이 없었다. 정말 믿고 싶은데, 하나님이 믿어지지 않았다. 그래서 수련회에 가면 구원의 확신을 얻기 위해 방언의 은사를 달라고 기도했다. 방언의 은사만 받으면 모든 것이 해결될 줄 알았다. 그러나 하나님은 내게 방언의 은사를 주시지 않았다. 중학교 3학년 때 일이다. 하루는 잠을 자는데, 이상한 일이 발생했다. 가위에 눌린 것이다. 그런데 또 한 가지 문제가 있었다. 가위 눌린 상태에서 귀신이 나를 보고 '하하하'라고 소름 끼치는 목소리로 웃었다. 그런 현상이 대학교 2학년 때까지 있었다. 두렵고, 무서웠다. 그리고 누구에게 말도 못했다. 한 번은 전도사님께 말씀드렸다. 위로는커녕 미친 소리 하지 말라고 혼났다. 혹시 지금 책을 읽는 독자 중에 이런 일을 당하고 있는 사람들을 위해 어떻게 해결 했는지를 기록한다. 이런 현상이 거의 막바지에 왔을 때다. 잠을 자려고 누웠는데, 가위에 눌렸고 그 날은 귀신이 하나가 아니었다. 여럿이 와서 나를 보고 소리 내어 비웃었다. 내 몸은 움직일 수 없고, 입으로 선포할 수도 없었다. 그러나 내 영혼은 자유로웠다. 나는 말했다. "이 더러운 귀신들아, 나사렛 예수의 이름으로 명하노니 내게서 떠나라." 그리고 귀신들은 사라졌다. 다음 날, 침대에 누워 있는데, 가위에 눌렸다. 그런데 갑자기 귀신이 내 몸 안으로 들어 왔다. 머리부터 발끝까지 전기가 통하는 것 같았다. 온 몸에 소름이 돋았다. 나는 정신을 바짝 차려야 한다고 내 자신에게 말했다. 그리고 내 영혼은 귀신을 향해 선포했다. "이 더러운 귀신아, 나사렛 예수의 이름으로 명하노니 내게서 떠나라. 예수 그리스도의 보혈로 하나님께서 내게 인치심이 보이지 않느냐?"라고 하면서 꾸짖었다. 그 결과 귀신은 내게서 떠났다. 다음 날 또 왔다. 예수님의 권세를 힘입어 꾸짖었다. 그리고 더 이상 가위에 눌리지 않았고, 귀신의 비웃음도 듣지 않았다.

대학에 입학했다. 여전히 구원의 확신이 없었다. 정말 하나님이 계시면 체험해 보고 싶었다. 내 친구들은 내가 그렇게 받고 싶어 했던 방언의 은사를 모두 받았다. 그래서 나는 하나님께서 특별히 나만 미워한다고 생각했다. 나는 이런 상태로 신앙생활을 계속 할 수 없었다. 무엇인가 새로운 변화가 필요했다. 대학생이 되면서 청년부에 들어갔다. 하루는 목사님께서 대학에 가면 선교단체가 있는데, 그 곳에 들어가면 교회에 소홀해 진다고 말씀하셨다. 우리 교회에 다니는 장로님의 딸인 누나가 그랬다. 교회 다니는 일에 충실했던 나는 당연히 "그런 못된 곳은 다니면 안 되겠네."라고 생각했다. 같은 과 친구들 중, 크리스천이 있었다. 내게 말했다. "주원아, 우리 선교단체 들어가자." 나는 이렇게 대답했다. "너희나 잘 다녀. 나는 그런데 안가." 대학 문화가 술 문화였기에 나는 학과 친구들과도 어울리기 힘들었다. 그렇다고 친구들이 하는 모든 것을 같이 할 수는 없었다.

하루는 고등학교 동창회가 있다는 소식을 들었다. 장소는 술집이었다. 그곳에서 재수한 선배를 봤다. 그냥 실망이 됐다. 다음 날, 수업을 듣기 위해 교정을 지나고 있었다. 그런데 충격적인 것을 봤다. 바로 그 선배가 찬양하면서 율동을 하고 있었다. "아니, 저런 사람이 크리스천이야!" 학교가 크지 않았기 때문에 오고 가면서 얼굴을 보고 인사를 했다. 또 그가 속한 선교단체 가스펠 그룹사운드 '영원한찬양선교단'의 공연이 학교에서 있었다. 찬양단의 찬송 소리를 도저히 감당할 수 없었다. "나는 지금 여기에서 무엇하고 있나? 믿음도 없지만 저들은 예수님을 위해서 사는데 나는 지금 무엇하고 있는 것인가?" 찬양공연을 똑바로 볼 수 없어서 건학이념이 새겨진 큰 바위 뒤에 숨어서 찬양을 들었다. 그리고 결심했다. "저 선배가 활동하는 선교단체에 들어가야겠다." 마음으로 결심은 했지만, 행동으로 옮길 용기가 생기지 않았다. 지나가는 길에 선배를 만났다. "선배님, 선배님 활동하시는 선교단체에 어떻게 들어갈 수 있나요?" 선배는 말했다. "응, 그냥 동아리방 가서 가입원서 쓰면 돼." 나는 차마 동아리방을 찾아가서 가입원서를 쓸 용기가 나지 않았다.

독일어 수업을 받고 있었다. 쉬는 시간에 한 사람이 나를 찾아왔다. 자신을 법학과 3학년 신명근 이라고 말했다. "김규태 알지? 규태 형제가 주원이 형제를 소개 시켜줬어. 수업 끝나고 학생회관 5층 동아리방으로 와." 나는 수업이 끝난 후, 동아리 방을 찾아갔다. 많은 학생들이 있었다. 신입생 여자들이 많았다. 처음 본 내게 인사를 했다. "샬롬, 소개하겠습니다. 저는 가정학과 1학년 민혜영 입니다.", "샬롬, 소개하겠습니다. 저는 가정학과 1학년 임경연 입니다." 선배들도 다 가와서 인사를 했다. 갑자기 많은 사람들과 인사를 하고나니 정신이 없었다. 신명근 선배는 동아리 모임과 선교단체에서 어떤 활동을 하게 될 것인가를 설명해 주었다. 그렇게 나의 캠퍼스 선교단체 활동이 시작되었다. 아침에 성경묵상, 점심에 찬양모임, 일과가 끝나면 기도모임, 전도활동, 다른 학교 사람들과 함께 예배드리는 채플에 참석했다. 드디어 구원의 확신이 없던 내게 기적이 일어났다.

1990. 10월. 가을 햇볕이 따가운 날씨, 동아리방에서 신명근 선배와 성경공부를 했다. 점심식사 후 이었기에 졸음이 쏟아졌다. 성경공부를 하면서 졸다가 깨다가를 반복했다. 신명근 선배는 요한복음 1장 12절을 찾도록 했다. 나는 눈을 비비고 말씀을 찾아보았다. "영접하는 자, 곧 그 이름을 믿는 자들에게는 하나님의 자녀가 되는 권세를 주셨으니" 말씀을 소리 내어 읽는 순간, 기적이 일어났다. 요한복음 1

장 12절이 내 마음 안으로 들어왔다. 말씀을 보기 전까지는 모든 것이 의심이 되었는데, 말씀이 내 마음 안으로 들어온 후로는 모든 것이 완전하게 달라졌다. 하나님 말씀이 모두 믿어졌다. 안 믿어 보려고 시험해 봤지만 헛수고였다. 나는 그 때까지 이렇게 생각했다. 우연히 한 선배를 만나 선교단체에 들어갔다고 생각했다. 그리고 내가 찾아갔다고 생각했다. 그런데 구원의 확신과 은혜를 받은 후, 모든 것이 하나님의 계획과 인도하심이라는 것을 깨닫게 되었다.

신명근 선배는 졸업 후 목사가 되어 지금 필리핀 바기오Baguio에서 침례교 파송선교사로 활동하고 있다. 내가 얼굴을 보고 실망했던 김규태 선배는 '영원한찬양선교단'에서 활동한 후, 지금은 대전에서 성결교회 목사로 사역하고 있다. "샬롬, 소개하겠습니다. 저는 가정학과 1학년 민혜영 입니다."라고 소개한 학생은 지금 제자들선교회 선교사로 활동하고 있다. 그리고 민혜영 선교사는 나와 결혼해서 함께 살고 있다. 신앙생활을 한 것도 사십년 남짓 되었다. 하나님을 믿고 신앙생활을 할 수 있도록 많은 사람들의 도움이 있었다. 아버지, 고 구제남 목사님, 필리핀 선교사 신명근 목사, 김규태 목사 그리고 아내 민혜영 선교사. 이 외에도 이루 말할 수 없는 동역자들이 있었기 때문에 지금 목사로, 캠퍼스 선교단체 선교사로 그리고 이단예방사역자로 살 수 있다고 나는 확신한다.

물론 모든 크리스천 대학생들이 꼭 캠퍼스 선교단체에 들어가야 하는 것은 아니다. 얼마든지 교회의 역량에 따라 달라질 수 있다고 생각한다. 또 선교단체와 지역교회의 이해 부족으로 마찰과 갈등을 빚는 경우도 있을 수 있다. 그러나 캠퍼스 선교단체는 결코 지역교회의 적이 아니다. 오히려 동역자다. 선배 선교사가 내게 이렇게 말한 적이 있다. "교회는 아버지라면, 선교단체는 아들이다. 그리고 지역교회가 형님이라면, 선교단체는 동생이다." 나는 이 말을 가슴에 새기고 오늘도 사역하고 있다. 성경을 보면 안디옥 교회에서 바나바와 사울, 두 사람을 선교사로 파송을 한다. 즉 안디옥교회는 지역교회이고, 바나바와 사울은 선교라는 특수한 임무 수행을 위해 교회로부터 파송 받은 선교사들이었다. 오늘날 선교단체의 성경적 근거를 안디옥 교회의 선교사 파송에서 찾아 볼 수 있다.

"안디옥 교회에 선지자들과 교사들이 있으니 곧 바나바와 니게르라 하는 시므온과 구레네 사람 루기오와 분봉 왕 헤롯의 젖동생 마나엔과 및 사울이라 주를 섬겨 금식할 때에 성경이 이르시되 내가 불러 시키는 일을 위하여 바나바와 사울을 따로 세우라 하시니 이에 금식하며 기도하고 두 사람에게 안수하여 보내니라"__행13:1-3

그렇다면 어떤 캠퍼스 선교단체에 가입해야 할까? 일단 학원복음화협의회에 가입된 단체들을 살펴보길 권한다. 학원복음화협의회는 정치적 역사적 격변기였던 80년대, 대학가에서 방황하는 젊은이들과 침체된 청년기독학생 운동을 보면서, 대학을 살리고 복음으로 민족과 역사를 변화 시켜야 할 사명에 대한 공감대가 교회와 선교단체 지도자들 간에 형성되어, 1989년 가을에 서울과 수도권 중심으로 조직 되었으며 현재 서울, 부산, 대구, 대전, 광주, 제주, 경기남부 지역에 200여개 교회, 10여개 선교단체가 가입되어 있다. 저자가 소속 된 제자들선교회Disciples For Christ ; D. F. C.는 학원복음화협의회 회원단체로서 캠퍼스 복음화를 위해 사역하는 선교단체다.

10 응답하라 1993 3)

통속적인 스토리겠지만, 초중고 시절 내내 공부를 꽤 잘하던 내가 고등학교 2학년 무렵 음악에 빠지며 반항과 방황의 질풍노도를 온 몸으로 부딪히게 된다. 그 결과 급격한 성적하락과 더불어 목표로 하던 서울에 있는 일류대 진학이 좌절되었고, 꿈에도 생각해 보지 않았던 지방대에 진학하게 되었다.

대개 입시가 끝나며 종지부를 찍는 사춘기 방황일진대 나는 오히려 대학 입학과 동시에 더 큰 방황에 갈피를 못 잡고 있었다. 자존감은 무너졌고, 일류대에 진학한 친한 친구들과도 연락을 끊었고, 도무지 부모님을 뵐 낯도 없었다. 학교는 더더욱 가기 싫어서 과에서도 겉돌았으며 캠퍼스의 낭만이니 하는 건 나와는 상관없는 남의 이야기에 불과했다.

그런데 놀랍게도 이 방황의 끝에서 예수 그리스도를 인격적으로 영접하는 뜻밖의 은혜가 나를 찾아온다. 당시 뜨거움을 주체할 수 없었던 나는 체계적인 성경공부와 영성훈련의 필요성에 목말랐고, 주변의 선배들의 권유로 대학교 선교단체를 찾아가게 되었다. 그렇게 만난 곳이 제자들선교회 D. F. C.였다.

복음적이고 건강한 신앙관에 구령의 열정으로 불타던 그 곳에서 헌신적인 간사님들과 좋은 선배, 친구들을 만났다. 1학년 여름방학 수련회를 마치고 농촌으로 떠난 전도 여행은 잊을 수 없는 기억이다. 낮에는 거지순례전도와 농활로 종일 땀을 흘렸지만 밤이면 찬양과 기

---

3) 찬양사역자 민호기 목사의 간증이다. 그는 찬미워십, 소망의 바다, 대신대학교 실용음악과 교수로 활동 중이다.

도와 나눔으로 피로를 씻어냈었다. 그리고 그 어떤 것보다도 가지장 김병호 형과의 만남은 내 인생의 결정적 장면이 되어주었다.

그 때도 지금도 나는 하나님께서 나를 이 대학에 보내신 것은 형을 만나기 위함이라 믿는다. 형을 통해 성경을 배우고 전도를 배우고 관계를 배우고 사랑을 배우고 헌신을 배웠다. 형은 지금도 한 달에 한번 꼬박꼬박 잊지 않고 문자를 보내온다. 예전에는 일주일에 한번 보내더니 사랑이 식었나보다.

이제 나는 목사고, 형은 집사지만 그는 여전히 나의 가지장이다. 나는 현재 찬양사역자로서 많은 교회와 공동체를 섬기고 있고, 대학에서 후진들을 양성하고 있다. 아직도 여전히 모자란 것투성이지만, 지금의 나를 있게 한 아주 많은 부분을 대학시절 선교단체에 빚지고 있다. 복음적이고 균형 잡힌 건강한 선교단체를 만나 훈련받고 섬기는 시간은 대학 시절을 보내는 가장 아름답고도 복된 기회임을 감히 추천 드리고 싶다.

2부
요한계시록에 무한도전하라!

11 부탁

고속버스터미널에 가면 소책자를 판매하는 자동판매기가 있다. 얼마 전 자동판매기에서 책 한권을 구입했다. 제목은 『2012 지구종말』이다. 책 표지에 다음과 같이 쓰여 있었다. "고대 마야의 예언은 실현될까? 핵전쟁, 신종 바이러스, 지진, 이상 기온. 지구는 지금 거대한 변화를 예고하고 있다. 2012년, 인류는 과연 멸망하는 것일까?" 책 내용은 2012년 12월 21일에 지구의 종말을 많은 사람들이 예언했다는 것이다. 이렇듯 종말에 대한 관심은 세상 사람들 뿐 아니라, 예수님을 믿는 기독교인에게도 예외가 아니다. 그래서 신자들은 요한계시록을 읽는다. 그러나 그 내용이 결코 쉽지 않다. 수많은 상징들과 판타지 소설에서나 볼 수 있는 내용들이 곳곳에 있기 때문이다. 또 섣불리 건드렸다가 교회로부터 이단이라는 소리를 듣게 되지는 않을까라는 우려가 있기 때문에 웬만하면 요한계시록 근처에 가는 것을 많은 목회자들이 피하고 있다. 종교 개혁가 존 칼빈은 요한계시록을 제외한 모든 성경 주석을 썼다. 그만큼 영적 거장도 부담스러워 했던 성경이 요한계시록이다. 오히려 요한계시록은 정통교회보다 사이비, 이단에서 많이 다루고 있는 실정이다. 어느 순간부터 요한계시록은 사이비, 이단의 전매특허가 되어버렸다.

사이비, 이단은 정통교회 신자들을 미혹하기 위해 교회와 목회자를 폄하하는 말을 서슴없이 내뱉는다. 이렇게 말한다. "왜 목사들이 교회에서 요한계시록을 안 가르치는 줄 아세요? 모르니까 안 가르치고 무조건 믿기만 하라고 말하는 거예요. 모르는데 도대체 무엇을 믿으라는 겁니까? 그들은 모두 거짓 목자입니다. 마지막 때에 구원의 비밀이 숨어 있는 이 요한계시록을 알아야 구원받을 수 있습니다."

이 말에 많은 신자들이 사이비, 이단에 빠진다. 그렇다면 정통교회는 어떻게 대응해야 할까? 요한계시록에 대해 관심과 궁금증을 갖는 것은 잘못된 것이라고 말해야 할까? 그런 관심과 궁금증은 영적 교만이라고 혼내야 할까? 결코 이것이 대안이 될 수 없다. 요한계시록은 교회에게 소망과 격려를 주시는 하나님의 말씀이다. 그렇기 때문에 힘써 배우고 익혀야 하는 하나님의 말씀이다.

"이 예언의 말씀을 읽는 자와 듣는 자와 그 가운데에 기록한 것을 지키는 자는 복이 있나니 때가 가까움이라"_계1:3

어릴 적, 주일 저녁이 되면 어른들은 저녁예배를 드리기 위해 교회에 갔다. 혼자 집에 남아 텔레비전을 보면서 어른들이 돌아오기를 기다렸다. 텔레비전에서는 '전설의 고향'이 방송되었다. '전설의 고향'을 조마조마한 마음으로 보았다. 너무 무서워서 이불을 뒤집어썼다. 눈만 내놓고 다음 장면이 어떻게 될 것인지 지켜보았다. 주인공 여자는 무덤을 열고, 죽은 자의 다리를 집어 들었다. 그 순간, 시신이 벌떡 일어났다. 나는 너무 무서워 소리를 질렀다. "내 다리 내놔." 하면서 죽은 시신이 주인공 여자를 뒤따라갔다. 결국 부엌문을 잠그고 솥단지에 죽은 자의 다리를 끓는 물에 넣는 순간 모든 것이 해결되었다. 그런데 죽은 자의 다리는 산삼이 되어 있었다. 숨죽이고 '전설의 고향'을 보던 기억이 아직도 생생하다. 나는 요한계시록을 '전설의 고향'처럼 생각했던 적이 있다. 또 납량특집 공포영화와 비슷한 것이라고 생각했던 적도 있다. 그래서 밤중에 요한계시록을 읽을 수가 없었다. 말 그대로 공포, 무서움의 대명사로 여겼던 것이다. 지금 와서 돌이켜 보면 요한계시록을 보는 것 자체가 금서禁書를 보는 행위라고 생각했던 것 같다. 얼마나 어처구니없는 일인가! 나중에 요한계시록을 공부하면서 깨닫게 되었다. 요한계시록은 우리에게 공포심을 주는 말씀이 아니다. 오히려 고난과 신앙의 위기 가운데 있는 신자들에게 하나님께서 주시는 위로와 소망의 말씀이다. 즉 복음이다.

이제 요한계시록에 들어가기에 앞서 주의해야 할 한 가지를 말하고 싶다. 그것은 요한계시록을 다른 성경보다 특별하게 간주하는 태도를 조심해야 한다. 어떤 사람은 요한복음을 매우 중요시 한다. 개인적으로는 이해 할 수 있다. 그러나 요한복음이 마태, 마가 그리고 누가 복음보다 더 월등하거나, 우월하다고 말할 수 없다. 또 어떤 사람은 로마서를 지나칠 정도로 강조한다. 로마서가 담고 있는 믿음으로 의롭게 된다는 진리의 가르침은 매우 소중하다. 그렇다고 로마서가 성경 전체를 대표하는 것은 아니다. 사도 바울이 기록한 13권의 편지글 중 로마 신자들에게 보낸 편지라고 하는 것을 잊어서는 안 될 것이다. 마찬가지로 요한계시록을 그 어떤 성경보다 특별한 것으로 여기는 순간, 문제는 심각해진다. 그런데 어떤 이는 이렇게 말한다. "말세의 비밀이 요한계시록 안에 숨어 있습니다. 그런데 성경은 모두 방언으로 기록되어 있기 때문에, 방언은 반드시 통역해야 합니다. 방언을 통역하게 되면 이 모든 비밀을 여러분이 알게 될 것입니다." 또 어떤 사람은 이렇게 말한다. "성경은 구약과 신약으로 나눌 수 있습니다. 그러나 과거에는 그렇게 시대를 나누었지만 오늘날 구약과 신약 시대로 나누는 것은 문제가 있습니다. 성경의 시대는 구약과 신약 그리고 계시록 시대인 것입니다." 구약과 신약은 지나간 시대이고, 계시록 시대는 오늘과 미래에 다가올 시대이기에 예수 그리스도를 믿음으로 구원 받는다는 것은 지나간 시대의 복음이라고 주장한다. 오히려 지금 계시록 시대에는 요한계시록의 비밀을 밝히 알고 믿어야 구원 받는다는 주장을 하기 위한 억지 논리다. 모두 거짓이고, 잘못된 이단 사상이다. 어떤 성경이 더 우월하거나 중요한 것이 있는 것이 아니다. 우리에게 주신 성경 66권은 모두 동일한 하나님의 말씀이다.

"너희가 거듭난 것은 썩어질 씨로 된 것이 아니요 썩지 아니할 씨로 된 것이니 살아 있고 항상 있는 하나님의 말씀으로 되었느니라 그러므로 모든 육체는 풀과 같고 그 모든 영광은 풀의 꽃과 같으니 풀은 마르고 꽃은 떨어지되 오직 주의 말씀은 세세토록 있도다 하였으니 너희에게 전한 복음이 곧 이 말씀이니라"_벧전1:23-25

"예수 그리스도는 어제나 오늘이나 영원토록 동일하시니라 여러 가지 다른 교훈에 끌리지 말라 마음은 은혜로써 굳게 함이 아름답고 음식으로써 할 것이 아니니 음식으로 말미암아 행한 자는 유익을 얻지 못하였느니라"_히13:8-9

"온갖 좋은 은사와 온전한 선물이 다 위로부터 빛들의 아버지께로부터 내려오나니 그는 변함도 없으시고 회전하는 그림자도 없으시니라"_약1:17

12 요한을 아시나요?

저녁 식사 반찬을 구입 위해 큰 아들 성종이와 함께 마트에 가고 있었다. 나는 성종이에게 질문을 했다.

"성종아, 너 요한계시록 읽어봤어?"

"응. 성경 책 맨 끝에 있는 거."

"잘 아네. 요한계시록은 누가 기록했을까?"

"요한?"

"잘 맞췄어."

"요한이 누굴까?"

"예수님 제자."

"잘 아는구나."

교회 청년부 간사로 활동할 때다. 청년부 신입생들을 대상으로 성경공부를 가르쳤다. 나는 질문을 했다. "오늘 본문 말씀이 고린도전서다. 고린도전서는 누가 썼을까?" 서로 눈치만 보고 있었다. 성훈이가 대답했다. "고린이요." 그 말을 듣는 순간, 성경공부모임은 웃음바다가 되었다.

요한계시록은 예수님의 12제자 중 한 사람인 요한이 기록하였다. 그는 야고보의 형제이며, 세베대의 아들이었다.

"예수 그리스도의 계시라 이는 하나님이 그에게 주사 반드시 속히 일어날 일들을 그 종들에게 보이시려고 그의 천사를 그 종 요한에게 보내어 알게 하신 것이라"_계1:1

"조금 더 가시다가 세베대의 아들 야고보와 그 형제 요한을 보시니 그들도 배에 있어 그물을 깁는데 곧 부르시니 그 아버지 세베대를 품꾼들과 함께 배에 버려두고 예수를 따라가니라"_막1:19-20

또한 초대 교회로부터 내려오는 전통적 의견은 계시록의 저자를 요한으로 말하고 있다. 초대교회 교부 저스틴은 『유대인 트리폰과의 대화』에서 다음과 같이 기술하였다.

"우리와 함께 어떤 사람이 있었는데, 그의 이름은 그리스도의 사도 중 한 사람이었던 요한이었다. 그는 자신에게 전해진 계시를 통해 예언을 했는데, 그것은 우리의 그리스도를 믿게 된 사람들이 천 년 동안 예루살렘에 거할 것이며, 그 후 일반적, 간단히 말해서 모든 사람들의 영원한 부활과 심판이 일어날 것이라는 예언이었다."4)

그 후에도 이레니우스, 알렉산드리아의 클레멘스, 터툴리안, 로마의 히폴리투스 그리고 오리겐도 계시록의 저자를 사도 요한으로 말했다. 사도 요한은 요한계시록 외에도 요한복음, 요한 일서, 요한 이서 그리고 요한 삼서를 기록하였다. 요한계시록 공부를 하기로 결심했다면 우선적으로 사도 요한이 계시록보다 먼저 쓴 요한복음, 요한 일서, 요한 이서 그리고 요한 삼서를 읽기 바란다. 특별히 요한복음과 요한계시록 사이에 두드러진 특징이 많이 나타난다. 그것은 바로 숫자 일곱이다. 숫자 일곱이 나타내려고 하는 상징적 의미가 있다.

13 요한복음과 일곱 표적

예수님은 공생애 삼년 동안 사역하시면서 몇 가지 기적을 행하셨을까? 그것은 아무도 모른다. 단지 우리는 많은 기적을 행하셨다는 것 외에는 알지 못한다. 요한복음과 요한계시록을 기록한 요한은 이렇게 말했다.

> "예수께서 행하신 일이 이 외에도 많으니 만일 낱낱이 기록된다면 이 세상이라도 이 기록된 책을 두기에 부족할 줄 아노라"__요21:25

요한은 예수님의 행적을 기록하였다. 그렇다면 요한복음에는 예수

---

4) 이광진 지음, 「요한계시록」(대전: 도서출판 대장간, 2012), pp.53-54.

님께서 행하신 기적이 나올까? 나온다면 몇 가지 기적이 소개되어 있을까? 벌써 예상했을 것이다. 바로 일곱 가지다. 많은 기적들 가운데 일곱 가지 기적을 선택한 이유는 그 기적을 통해 사도 요한이 교회들에게 가르치려는 영적교훈이 있었기 때문이다. 그래서 기적이라는 말보다 표적이라는 말을 사용한다.

첫 번째 표적은 물이 포도주로 변화 된 사건이다. 갈릴리 가나 혼인잔치에서 있었던 일이다. 다음 복음성가는 우리가 많이 불렀던 찬양이다.

예수님이 말씀하시니 물이 변하여 포도주 됐네
예수님이 말씀하시니 물이 변하여 포도주 됐네
예수님 예수님 나에게도 말씀하셔서
새롭게 새롭게 변화시켜주소서

"사흘째 되던 날 갈릴리 가나에 혼례가 있어 예수의 어머니도 거기 계시고 예수와 그 제자들도 혼례에 청함을 받았더니 포도주가 떨어진지라 예수의 어머니가 예수에게 이르되 저들에게 포도주가 없다 하니 예수께서 이르시되 여자여 나와 무슨 상관이 있나이까 내 때가 아직 이르지 아니하였나이다 그 어머니가 하인들에게 이르되 너희에게 무슨 말씀을 하시든지 그대로 하라 하니라 거기 유대인의 정결 예식을 따라 두세 통 드는 돌 항아리 여섯이 놓였는지라 예수께서 그들에게 이르시되 항아리에 물을 채우라 하신즉 아귀까지 채우니 이제는 떠서 연회장에게 갖다 주라 하시매 갖다 주었더니 연회장은 물로 된 포도주를 맛보고도 어디서 났는지 알지 못하되 물 떠온 하인들은 알더라 연회장이 신랑을 불러 말하되 사람마다 먼저 좋은 포도주를 내고 취한 후에 낮은 것을 내거늘 그대는 지금까지 좋은 포도주를 두었도다 하니라 예수께서 이 첫

표적을 갈릴리 가나에서 행하여 그의 영광을 나타내시매 제자들이 그를 믿으니라"__요2:1-11

두 번째 표적은 왕의 신하 아들을 고쳐주신 사건이다.

"이틀이 지나매 예수께서 거기를 떠나 갈릴리로 가시며 친히 증언하시기를 선지자가 고향에서는 높임을 받지 못한다 하시고 갈릴리에 이르시매 갈릴리인들이 그를 영접하니 이는 자기들도 명절에 갔다가 예수께서 명절 중 예루살렘에서 하신 모든 일을 보았음이더라 예수께서 다시 갈릴리 가나에 이르시니 전에 물로 포도주를 만드신 곳이라 왕의 신하가 있어 그의 아들이 가버나움에서 병들었더니 그가 예수께서 유대로부터 갈릴리로 오셨다는 것을 듣고 가서 청하되 내려오셔서 내 아들의 병을 고쳐 주소서 하니 그가 거의 죽게 되었음이라 예수께서 이르시되 너희는 표적과 기사를 보지 못하면 도무지 믿지 아니하리라 신하가 이르되 주여 내 아이가 죽기 전에 내려오소서 예수께서 이르시되 가라 네 아들이 살아 있다 하시니 그 사람이 예수께서 하신 말씀을 믿고 가더니 내려가는 길에서 그 종들이 오다가 만나서 아이가 살아 있다 하거늘 그 낫기 시작한 때를 물은즉 어제 일곱 시에 열기가 떨어졌나이다 하는지라 그의 아버지가 예수께서 네 아들이 살아 있다 말씀하신 그 때인 줄 알고 자기와 그 온 집안이 다 믿으니라 이것은 예수께서 유대에서 갈릴리로 오신 후에 행하신 두 번째 표적이니라"__요4:46-54

세 번째 표적은 서른여덟 해 된 병자를 고쳐주신 사건이다.

"그 후에 유대인의 명절이 되어 예수께서 예루살렘에 올라가시니라 예루살렘에 있는 양문 곁에 히브리 말로 베데스다 하는 못이 있는데 거기 행각 다섯

이 있고 그 안에 많은 병자, 맹인, 다리 저는 사람, 혈기 마른 사람들이 누워 (물의 움직임을 기다리니 이는 천사가 가끔 못에 내려와 물을 움직이게 하는데 움직인 후에 먼저 들어가는 자는 어떤 병에 걸렸든지 낫게 됨이러라) 거기 서른여덟 해 된 병자가 있더라 예수께서 그 누운 것을 보시고 병이 벌써 오래된 줄 아시고 이르시되 네가 낫고자 하느냐 병자가 대답하되 주여 물이 움직일 때에 나를 못에 넣어 주는 사람이 없어 내가 가는 동안에 다른 사람이 먼저 내려가나이다 예수께서 이르시되 일어나 네 자리를 들고 걸어가라 하시니 그 사람이 곧 나아서 자리를 들고 걸어가니라 이 날은 안식일이니"_요5:1-9

네 번째 표적은 물고기 두 마리, 보리 떡 다섯 개로 약 오천 명을 먹이신 사건이다. 여기에서 오천 명이란 성인 남자를 계수 한 것이다. 아이, 여자는 포함되지 않았다. 이들까지 합한다면 족히 몇 만 명쯤은 됐을 것이다.

"그 후에 예수께서 디베랴의 갈릴리 바다 건너편으로 가시매 큰 무리가 따르니 이는 병자들에게 행하시는 표적을 보았음이러라 예수께서 산에 오르사 제자들과 함께 거기 앉으시니 마침 유대인의 명절인 유월절이 가까운지라 예수께서 눈을 들어 큰 무리가 자기에게로 오는 것을 보시고 빌립에게 이르시되 우리가 어디서 떡을 사서 이 사람들을 먹이겠느냐 하시니 이렇게 말씀하심은 친히 어떻게 하실 지를 아시고 빌립을 시험하고자 하심이라 빌립이 대답하되 각 사람으로 조금씩 받게 할지라도 이백 데나리온의 떡이 부족하리이다 제자 중 하나 곧 시몬 베드로의 형제 안드레가 예수께 여짜오되 여기 한 아이가 있어 보리떡 다섯 개와 물고기 두 마리를 가지고 있나이다 그러나 그것이 이 많은 사람에게 얼마나 되겠사옵나이까 예수께서 이르시되 이 사람들로 앉게 하라 하시니 그 곳에 잔디가 많은지라 사람들이 앉으니 수가 오천 명쯤 되더라 예수께서 떡을 가져 축사하신 후에 앉은 자들에게 나눠 주시고 물고기도 그렇게 그들의 원대로 주시니라 그들이 배부른 후에 예수께서 제자들에게 이르시되 남은 조각을 거두고 버리는 것이 없게 하라 하시므로 이에 거두니 보리떡 다섯 개로 먹고 남은 조각이 열두 바구니에 찼더라 그 사람들이 예수께서 행하신 이 표적을 보고 말하되 이는 참으로 세상에 오실 그 선지자라 하더라 그러므로 예수께서 그들이 와서 자기를 억지로 붙들어 임금으로 삼으려는 줄 아시고 다시 혼자 산으로 떠나가시니라"__요6:1-15

다섯 번째 표적은 바다 위를 걸으신 사건이다.

"저물매 제자들이 바다에 내려가서 배를 타고 바다를 건너 가버나움으로 가는데 이미 어두웠고 예수는 아직 그들에게 오시지 아니하셨더니 큰 바람이 불어 파도가 일어나더라 제자들이 노를 저어 십여 리쯤 가다가 예수께서 바다 위로 걸어 배에 가까이 오심을 보고 두려워하거늘 이르시되 내니 두려워 말라 하신대 이에 기뻐서 배로 영접하니 배는 곧 그들이 가려던 땅에 이르렀더라"__요6:16-21

여섯 번째 표적은 날 때부터 맹인 된 사람을 고치신 사건이다.

"예수께서 길을 가실 때에 날 때부터 맹인 된 사람을 보신지라 제자들이 물어 이르되 랍비여 이 사람이 맹인으로 난 것이 누구의 죄로 인함이니이까 자기니이까 그의 부모니이까 예수께서 대답하시되 이 사람이나 그 부모의 죄로 인한 것이 아니라 그에게서 하나님이 하시는 일을 나타내고자 하심이라 때가 아직 낮이매 나를 보내신 이의 일을 우리가 하여야 하리라 밤이 오리니 그 때는 아무도 일할 수 없느니라 내가 세상에 있는 동안에는 세상의 빛이로라 이 말씀을 하시고 땅에 침을 뱉어 진흙을 이겨 그의 눈에 바르시고 이르시되 실로암 못에 가서 씻으라 하시니 (실로암은 번역하면 보냄을 받았다는 뜻이라) 이에 가서 씻고 밝은 눈으로 왔더라 이웃 사람들과 전에 그가 걸인인 것을 보았던 사람들이 이르되 이는 앉아서 구걸하던 자가 아니냐 어떤 사람은 그 사람이라 하며 어떤 사람은 아니라 그와 비슷하다 하거늘 자기 말은 내가 그라 하니 그들이 묻되 그러면 네 눈이 어떻게 떠졌느냐 대답하되 예수라 하는 그 사람이 진흙을 이겨 내 눈에 바르고 나더러 실로암에 가서 씻으라 하기에 가서 씻었더니 보게 되었노라 그들이 이르되 그가 어디 있느냐 이르되 알지 못하노라 하니라"_요9:1-12

마지막 일곱 번째 표적은 죽은 나사로를 살리신 사건이다.

"어떤 병자가 있으니 이는 마리아와 그 자매 마르다의 마을 베다니에 사는 나사로라 이 마리아는 향유를 주께 붓고 머리털로 주의 발을 닦던 자요 병든 나사로는 그의 오라버니더라 이에 그 누이들이 예수께 사람을 보내어 이르되 주여 보시옵소서 사랑하시는 자가 병들었나이다 하니 예수께서 들으시고 이르시되 이 병은 죽을 병이 아니라 하나님의 영광을 위함이요 하나님의 아들이 이로 말미암아 영광을 받게 하려 함이라 하시더라 예수께서 본래 마르다와 그 동생과 나사로를 사랑하시더니 나사로가 병들었다 함을 들으시고 그 계시던 곳에 이틀을 더 유하시고 그 후에 제자들에게 이르시되 유대로 다시 가자 하시니 제자들이 말하되 랍비여 방금도 유대인들이 돌로 치려 하였는데 또 그리로 가시려 하나이까 예수께서 대답하시되 낮이 열두 시간이 아니냐 사람이 낮에 다니면 이 세상의 빛을 보므로 실족하지 아니하고 밤에 다니면 빛이 그 사람 안에 없는 고로 실족하느니라 이 말씀을 하신 후에 또 이르시되 우리 친구 나사로가 잠들었도다 그러나 내가 깨우러 가노라 제자들이 이르되 주여 잠들었으면 낫겠나이다 하더라 예수는 그의 죽음을 가리켜 말씀하신 것이나 그들은 잠들어 쉬는 것을 가리켜 말씀하심인줄 생각하는지라 이에 예수께서 밝히 이르시되 나사로가 죽었느니라 내가 거기 있지 아니한 것을 너희를 위하여 기뻐하노니 이는 너희로 믿게 하려 함이라 그러나 그에게로 가자 하시니 디두모라고도 하는 도마가 다른 제자들에게 말하되 우리도 주와 함께 죽으러 가자 하니라 예수께서 와서 보시니 나사로가 무덤에 있은 지 이미 나흘이라 베다니는 예루살렘에서 가깝기가 한 오 리쯤 되매 많은 유대인이 마르다와 마리아에게 그 오라비의 일로 위문하러 왔더니 마르다는 예수께서 오신다는 말을 듣고 곧 나가 맞이하되 마리아는 집에 앉았더라 마르다가 예수께 여짜오되 주께서 여기 계셨더라면 내 오라버니가 죽지 아니하였겠나이다 그러나 나는 이제라도 주께서 무엇이든지 하나님께 구하시는 것을 하나님이 주실 줄을 아나이다 예수께서 이르시되 네 오라비가 다시 살아나리라 마르다가 이르되 마지막 날 부활 때에는 다시 살아날 줄을 내가 아나이다 예수께서 이르시되 나는 부활이요 생명이니 나를 믿는 자는 죽어도 살겠고 무릇 살아서 나를 믿는 자는 영원히 죽지 아니하리니 이것을 네가 믿느냐 이르되 주여 그러하외다 주는 그리스도시요 세상에 오시는 하나님의 아들이신 줄 내가 믿나이다 이 말을 하고 돌아가서 가만히 그 자매 마리아를 불러 말하되 선생님이 오셔서 너를 부르신다 하니 마리아가 이 말을 듣고 급히 일어나 예수께 나아가매 예수는 아직 마을로 들어오지 아니하시고 마르다가 맞이했던 곳에 그대로 계시더라 마리아와 함께 집에 있어 위로하던 유대인들은 그가 급히 일어나 나가는 것을 보고 곡하러 무덤에 가는 줄로 생각하고 따라가더니 마리아가 예수 계신 곳에 가서 뵈옵고 그 발 앞에 엎드리어 이르되 주께서 여기 계셨더라면 내 오라버니가 죽지 아니하였겠나이다 하더라 예수께서 그가 우는 것과 또 함께 온 유대인들이 우는 것을 보시고 심령에 비통히 여기시고 불쌍히 여기사 이르시되 그를 어디 두었느냐 이르되 주여 와서 보옵소서 하니 예수께서 눈물을 흘리시더라 이에 유대인들이 말하되 보라 그를 얼마나 사랑하셨는가 하며 그 중 어떤 이는 말하되 맹인의 눈을 뜨게 한 이 사람이 그 사람은 죽지 않게 할 수 없었더냐 하더라 이에 예수께서 다시 속으로 비통히 여기시며 무덤에 가시니 무덤이 굴이라 돌로 막았거늘 예수께서 이르시되 돌을 옮겨 놓으라 하시니 그 죽은 자의 누이 마르다가 이르되 주여 죽은 지가 나흘이 되었으매 벌써 냄새가 나나이다 예수께서 이르시되 내 말이 네가 믿으면 하나님의 영광을 보리라 하지 아니하였느냐 하시니 돌을 옮겨 놓으니 예수께서 눈을 들어 우러러 보시고 이르시되 아버지여 내 말을 들으신 것을 감사하나이다 항상 내 말을 들으시는 줄을 내가 알았나이다 그러나 이 말씀 하옵는 것은 둘러선 무리를 위함이니 곧 아버지께서 나를 보내신 것을 그들로 믿게 하려 함이니이다 이 말씀을 하시고 큰 소리로 나사로야 나오라 부르시니 죽은 자가 수족을 베로 동인 채로 나오는데 그 얼굴은 수건에 싸였더라 예수께서 이르시되 풀어 놓아 다니게 하라 하시니라"__요11:1-44

그렇다면 예수님의 표적은 어떤 의미이며, 일곱이라는 숫자의 의미는 무엇일까? 예수님 당시에 기적을 행하는 사람들이 있었다. 그들은 백성들의 인기와 관심을 받았다. 그러나 예수님의 관심은 거기에 있지 않았다. 예수님께서 표적을 사용하신 목적은 백성들에게 말씀을 전하시기 위해 사용한 방법이다. 예수님께서 단지 기적을 행하는 사람이 아니라 말씀이 육신이 되어 이 세상에 오신 하나님의 아들이라는 것을 증명하는 것이었다. 그렇다면 일곱이라는 숫자의 의미는 무엇일까? 일곱은 완전을 상징하는 숫자다. 즉 예수님께서 이 세상에 오신 것은 완전한 하나님의 계획이다. 그리고 하나님의 계획은 비록 수많은 무리들의 저항이 있을지라도 반드시 이루어진다는 것을 일곱이라는 숫자를 통해 표현한 것이다. 이 일곱이라는 숫자의 상징적 의미는 요한복음에만 국한 되는 것이 아니다. 요한이 밧모 섬에서 기록한 요한계시록까지 숫자 일곱의 상징적 의미는 그대로 이어진다.

14 요한복음과 일곱 I AM

요한은 일곱 숫자를 통해 하나님께서 완전하시다는 것을 상징적으로 표현하였다. 그것을 요한복음에 나타난 예수님의 일곱 가지 표적을 통해 살펴보았다. 이제 요한복음에 나타난 일곱 표적 외에 또 다른 숫자 일곱이 사용된 표현을 살펴 볼 것이다. 잠시 그 표현을 살펴보기 전 우리는 성경의 역사를 거슬러 올라가서 출애굽기를 보도록 하자.

이집트애굽의 왕자였던 모세는 이집트 사람을 해한 후, 미디안 땅으로 도망갔다. 그 곳에서 장인 이드로를 만났다. 모세는 이드로의 사위가 되어 생활했다. 어느 날, 그는 장인 이드로의 양 떼를 치고 있었다. 그런데 자신의 눈을 의심하게 하는 놀라운 광경을 목격했다. 바로 떨기나무 가운데 불이 붙었지만 나무가 타지 않았다. 그는 자세히 보려고 다가갔다. 그리고 그곳에서 하나님의 음성을 듣게 되었다. 하나님은 모세에게 동족 이스라엘 백성들을 구원하라는 말씀을 하셨다. 모세는 하나님께 질문을 했다.

"모세가 하나님께 아뢰되 내가 이스라엘 자손에게 가서 이르기를 너희의 조상의 하나님이 나를 너희에게 보내셨다 하면 그들이 내게 묻기를 그의 이름이 무엇이냐 하리니 내가 무엇이라고 그들에게 말하리이까"_출3:13

하나님은 모세의 질문에 이렇게 대답했다.

"하나님이 모세에게 이르시되 나는 스스로 있는 자이니라 또 이르시되 너는 이스라엘 자손에게 이같이 이르기를 스스로 있는 자가 나를 너희에게 보내셨다 하라"__출3:14

하나님은 '스스로 있는 자'라고 말씀하였다. 이 말씀을 영어 성경으로 보면 다음과 같다. "I AM WHO I AM." 하나님은 자신을 나타내실 때 "나는…이다."라고 하셨다. 이것은 하나님만이 사용하실 수 있는 표현이었다. 그런데 이 표현이 요한복음에 나온다. 누가 감히 이 표현을 사용하였을까? 바로 예수님이다. 하나님의 아들이신 예수님께서 말씀하셨다. "I AM"이라고 하신 것이다.

첫 번째, 예수님은 자신을 생명의 떡이라고 말씀하셨다.

"예수께서 이르시되 나는 생명의 떡이니 내게 오는 자는 결코 주리지 아니할 터이요 나를 믿는 자는 영원히 목마르지 아니하리라"__요6:35

두 번째, 예수님은 자신을 세상의 빛이라고 말씀하셨다.

"예수께서 또 말씀하여 이르시되 나는 세상의 빛이니 나를 따르는 자는 어둠에 다니지 아니하고 생명의 빛을 얻으리라"__요8:12

"내가 세상에 있는 동안에는 세상의 빛이로라"__요9:5

세 번째, 예수님은 자신을 양의 문이라고 말씀하셨다.

"그러므로 예수께서 다시 이르시되 내가 진실로 진실로 너희에게 말하노니

나는 양의 문이라"__요10:7

네 번째, 예수님은 자신을 선한 목자라고 말씀하셨다.

"나는 선한 목자라 선한 목자는 양들을 위하여 목숨을 버리거니와"__요10:11

"나는 선한 목자라 나는 내 양을 알고 양도 나를 아는 것이"__요10:14

다섯 번째, 예수님은 자신을 부활과 생명이라고 말씀하셨다.

"예수께서 이르시되 나는 부활이요 생명이니 나를 믿는 자는 죽어도 살겠고 무릇 살아서 믿는 자는 영원히 죽지 아니하리니 이것을 네가 믿느냐"__요11:25-26

여섯 번째, 예수님은 자신을 길과 진리 그리고 생명이라고 말씀하셨다.

"예수께서 이르시되 내가 곧 길이요 진리요 생명이니 나로 말미암지 않고는 아버지께로 올 자가 없느니라"__요14:6

마지막 일곱 번째, 예수님은 자신을 참 포도나무라고 말씀하셨다.

"나는 참 포도나무요 내 아버지는 농부라"__요15:1

요한은 요한복음에서 숫자 일곱을 중요한 의미로 사용하고 있다.

일곱 가지 표적과 일곱 가지 예수님 자신을 나타내는 표현법에서 확인 할 수 있다. 하나님만이 사용할 수 있었던 표현을 예수님께서 사용했다는 것은 무엇을 의미하는 것일까? 그것은 예수님께서 말씀이 육신이 되어 이 세상에 오신 하나님의 아들이라는 것을 의미한다. 더 나아가 예수님은 곧 하나님이라고 선언하는 것이다. 그리고 숫자 일곱은 완전하신 하나님을 상징하는 표현이다. 다른 말로 표현한다면 하나님께서 계획하시고 행하시는 모든 것은 완전하게 이루어 질 것이라는 뜻을 내포하고 있다. 이제 요한복음에 나타난 숫자 일곱은 여기에서 멈추지 않는다. 요한이 기록한 또 다른 성경, 요한계시록에도 고스란히 나타난다.

15 요한계시록과 일곱

사도 요한은 요한계시록을 기록하면서 많은 숫자를 사용했다. 그리고 숫자는 나름대로의 상징적인 의미를 가지고 있고, 읽는 사람들에게 그 뜻을 전달하려고 하였다. 요한계시록을 떠올리면 제일 먼저 떠오르는 상징적인 숫자는 육백 육십 육, 십사만 사천 일 것이다. 그 외에도 일만 이천, 이십 사 장로, 네 생물, 네 천사, 사분의 일, 삼분의 일, 두 증인, 십 일, 천 년, 천 육백 스다디온, 만 이천 스다디온, 이만 만 등이 상징적 의미로 사용되고 있다.

그 중에서도 요한계시록에서 가장 두드러지고 중심적인 숫자는 단연코 일곱이다. 요한복음에서 보았듯이 요한은 숫자 일곱이 갖는 완전하다는 의미를 요한계시록에서도 강조하고 있다. 이것은 요한이 개인적으로 숫자 일곱을 좋아하기 때문에 썼다고 보기 어렵다. 요한계시록의 모든 내용을 전해 주신 예수님께서 숫자 일곱을 통해 고난과 환난을 당하던 소아시아 교회들에게 상징적인 표현으로 하나님의 뜻을 전달하신 것이다. 요한계시록의 일곱 숫자가 어떻게 사용되고 있는지 살펴보겠다.

일곱 교회, 일곱 금 촛대, 일곱 별 이다. 일곱 금 촛대는 일곱 교회, 일곱 별은 일곱 교회의 사자 즉 일곱 교회를 담당하는 사역자를 뜻한다.

"요한은 아시아에 있는 일곱 교회에 편지하노니 이제도 계시고 전에도 계셨고 장차 오실 이와 그의 보좌 앞에 있는 일곱 영과"__계1:4

"주의 날에 내가 성령에 감동되어 내 뒤에서 나는 나팔 소리 같은 큰 음성을 들으니 이르되 네가 보는 것을 두루마리에 써서 에베소, 서머나, 버가모, 두아디라, 사데, 빌라델비아, 라오디게아 등 일곱 교회에 보내라 하시기로"__계1:11

"몸을 돌이켜 나에게 말한 음성을 알아 보려고 돌이킬 때에 일곱 금 촛대를 보았는데"__계1:12

"그의 오른손에 일곱 별이 있고 그의 입에서 좌우에 날선 검이 나오고 그 얼굴은 해가 힘있게 비치는 것 같더라"__계1:16

"네가 본 것은 내 오른손의 일곱 별의 비밀과 또 일곱 금 촛대라 일곱 별은 일곱 교회의 사자요 일곱 촛대는 일곱 교회니라"__계1:20

일곱 영, 일곱 등불이다. 일곱 영은 완전한 영이라는 뜻으로, 하나님의 뜻을 완전하게 살피시고 행하시는 성령을 뜻한다. 요한은 성령을 일곱 영, 보혜사, 진리의 성령, 생수의 강으로 다양하게 설명하였다.

"요한은 아시아에 있는 일곱 교회에 편지하노니 이제도 계시고 전에도 계셨고 장차 오실 이와 그의 보좌 앞에 있는 일곱 영과"__계1:4

"사데 교회의 사자에게 편지하라 하나님의 일곱 영과 일곱 별을 가지신 이가 이르시되 내가 네 행위를 아노니 네가 살았다 하는 이름은 가졌으나 죽은 자로다"__계3:1

"보좌로부터 번개와 음성과 우렛소리가 나고 보좌 앞에 켠 등불 일곱이 있으니 이는 하나님의 일곱 영이라"__계4:5

일곱 인, 일곱 나팔, 일곱 대접이다.

"내가 보매 어린 양이 일곱 인 중의 하나를 떼시는데 그 때에 내가 들으니 네 생물 중의 하나가 우렛소리 같이 말하되 오라 하기로"__계6:1

"일곱 나팔을 가진 일곱 천사가 나팔 불기를 준비하더라"__계8:6

"또 내가 들으니 성전에서 큰 음성이 나서 일곱 천사에게 말하되 너희는 가서 하나님의 진노의 일곱 대접을 땅에 쏟으라 하더라"__계16:1

요한계시록은 일곱 인을 소개하고 있다. 인(印)이란 도장을 말한다. 고대에는 중요한 문서, 유언장 등을 보관 할 때 도장을 찍고, 열어보지 못하도록 하였다. 이를 봉인封印이라고 한다. 또 일곱 나팔이 나온다. 역사 드라마 즉 사극을 보면 나팔이 종종 등장한다. 나팔의 용도는 여러 가지다. 그 중에서도 나팔은 위험을 알리는 도구로 사용된다. 마지막으로 일곱 대접이 나온다. 대접은 구약에서 제사를 드릴 때, 마지막으로 제물 위에 대접에 담긴 포도주를 붓는 것을 떠올리게 한다. 즉 마지막이라는 의미를 갖고 있다. 그런데 일곱 인, 일곱 나팔 그리고 일곱 대접은 하나님의 심판을 상징한다. 마치 이스라엘 백성들이 이집트에 노예로 있을 때, 하나님께서 바로 왕과 이집트에 재앙을 내리신 것과 유사하다. 이집트에 내리신 재앙들을 통해 택하신 이스라엘 백성을 구원하셨다. 그것도 완전하게 구원하셨다. 이런 비슷한 내용이 일곱 나팔과 일곱 대접에 나온다. 즉 일곱 심판은 하나님의 완전한 계획이며, 한 치의 오차도 없음을 알려 주는 것이다. 그런 심판이 없을 것이라고 생각하는 사람들의 생각을 비웃기나 하는 것처럼 하나님의 심판은 역사 가운데 반드시 있을 것을 고난당하는 교회들에게 약속하는 것이다. 그리고 택함을 받은 하나님의 백성은 반드시 하나님께서 구원하신다는 소망과 확신을 교회들에게 말씀하시는 것이다. 여기에서도 완전함을 뜻하는 숫자 일곱이 사용되었다. 그래서 하나님의 완전하심을 나타내는 의미로 숫자 일곱이 사용된 것이다. 이제 이 책을 읽는 독자들에게 질문하겠다. 요한계시록에서는 하나님과 예수님을 하늘의 천사들이 몇 가지로 찬양 한다고 생각하는가? 벌써 눈치를 챘을 것이다. 바로 일곱 가지 단어로 하나님과 어린 양 예수님을 찬양한다.

"내가 또 보고 들으매 보좌와 생물들과 장로들을 둘러 선 많은 천사의 음성이 있으니 그 수가 만만이요 천천이라 큰 음성으로 이르되 죽임을 당하신 어린

양은 능력과 부와 지혜와 힘과 존귀와 영광과 찬송을 받으시기에 합당하도다 하더라"_계5:12

"모든 천사가 보좌와 장로들과 네 생물의 주위에 서 있다가 보좌 앞에 엎드려 얼굴을 대고 하나님께 경배하여 이르되 아멘 찬송과 영광과 지혜와 감사와 존귀와 권능과 힘이 우리 하나님께 세세토록 있을지어다 아멘 하더라"_계 7:11-12

이것은 우리를 구원하신 어린 양 예수님은 완벽한 찬양을 받으시기에 합당하다는 것을 교회들에게 선포하는 것이다. 당시 로마제국은 황제숭배를 사람들에게 강요했다. 황제가 더 이상 사람이 아닌 신으로서 예배와 찬양을 받아야 한다고 주장했다. 1세기 성도들은 이것을 받아들일 수 없었다. 그래서 모진 고난과 핍박을 받았다. 그런데 예수님은 요한을 통해 계시하셨다. 진정한 찬양과 예배는 하나님과 어린 양 예수님만이 받을 수 있다는 것을 말씀하셨다. 그리고 구원자 예수님은 창조자 하나님과 동등하게 찬양 받으실 분이라는 것을 나타냈다. 그래서 숫자 일곱이 하나님과 예수님을 찬양하는 표현에 사용된 것이다.

일곱 눈과 일곱 뿔이다. 이 세상에 일곱 눈과 일곱 뿔을 가진 존재가 있다면 분명 괴물의 모습일 것이다. 그러나 요한계시록에서 말하는 일곱 눈과 일곱 뿔은 상징이다. 눈은 보는 것이다. 즉 통찰력을 뜻한다. 예수님은 모든 것을 살펴볼 수 있는 완전한 통찰력을 가지고 계신 분이다. 뿔은 권위를 상징한다. 모든 만물을 발아래 두시는 최고의 권위와 권력을 가지고 계신 분이 예수님이다. 그렇다면 왜 눈과 뿔이라는 상징을 사용한 것일까? 요한계시록의 배경은 로마 시대다. 로마

시대로 거슬러 올라가서 사람들을 붙잡고 이런 질문을 한다고 생각해 보자. "로마에서는 최고의 권위와 권력을 누가 가지고 있습니까?" 질문을 받은 사람은 질문한 사람을 이상한 눈으로 볼 것이다. "여보시오. 그것을 몰라서 묻소? 당연히 로마 황제 아니십니까? 별 이상한 사람 다 보겠네." 로마 황제는 그리스도인들을 핍박했다. 정말 이 땅 어느 곳에도 소망이 보이지 않았다. 로마 황제의 막강한 권위와 권세를 도전 할 수도 없었다. 그런데 예수님께서 핍박당하는 교회에게 요한계시록을 통해 말씀하셨다. 쉽게 말하자면 다음과 같이 표현 할 수 있을 것이다.

"세상의 모든 권세를 로마 황제가 쥐고 있는 것 같지만 결코 그렇지 않다. 반드시 그도 끝이 있고, 그가 행한 모든 것에 대해 심판을 받을 것이다. 나는 지금 고난당하고 있는 너희들의 사정을 모르는 것이 아니다. 나에게는 일곱 눈 즉 완전하게 살펴볼 수 있는 통찰력이 있다. 그리고 로마 황제가 누리고 있는 잠시 잠깐의 권세가 아니라 만물이 복종하는 영원한 권세와 권위를 내가 가지고 있다. 하늘 소망을 갖아라."

요한계시록에는 복이라는 말이 몇 번 나올까? 혹시 이것도 일곱 번? 정답이다. 요한계시록은 복에 대해서도 숫자 일곱을 적용하고 있다. 이것을 일곱 가지 축복 선언이라고 한다.

> "이 예언의 말씀을 읽는 자와 듣는 자와 그 가운데에 기록한 것을 지키는 자는 복이 있나니 때가 가까움이라"__계1:3

> "또 내가 들으니 하늘에서 음성이 나서 이르되 기록하라 지금 이후로 주 안에서 죽는 자들은 복이 있도다 하시매 성령이 이르시되 그러하다 그들이 수고를

그치고 쉬리니 이는 그들의 행한 일이 따름이라 하시더라"__계14:13

"보라 내가 도둑 같이 오리니 누구든지 깨어 자기 옷을 지켜 벌거벗고 다니지 아니하며 자기의 부끄러움을 보이지 아니하는 자는 복이 있도다"__계16:15

"천사가 내게 말하기를 기록하라 어린 양의 혼인 잔치에 청함을 받은 자들은 복이 있도다 하고 또 내게 말하되 이것은 하나님의 참되신 말씀이라 하기로"__계19:9

"이 첫째 부활에 참여하는 자들은 복이 있고 거룩하도다 둘째 사망이 그들을 다스리는 권세가 없고 도리어 그들이 하나님과 그리스도의 제사장이 되어 천 년 동안 그리스도와 더불어 왕노릇 하리라"__계20:6

"보라 내가 속히 오리니 이 두루마리의 예언의 말씀을 지키는 자는 복이 있으리라 하더라"__계22:7

"자기 두루마리를 빠는 자들은 복이 있으니 이는 그들이 생명나무에 나아가며 문들을 통하여 성에 들어갈 권세를 받으려 함이로다"__계22:14

위에서 살펴 본 요한계시록에 나타난 숫자 일곱은 하나님, 예수님 그리고 성령의 완전하심을 나타내는 상징적 의미라는 것을 우리는 알 수 있다.

16 장르

서점에 가면 방대한 양의 책이 있다. 베스트셀러를 비롯해서 전공서적, 학습지, 잡지 등 헤아릴 수 없는 다양한 책들을 보게 된다. 다양한 책들은 여러 장르의 책들이다. 장르genre란 문학 용어로서 문학의 형태의 종류를 뜻하는 말이다. 예를 들어 홍길동전의 문학 장르는 소설이다. 반면에 "나보기가 역겨워 가실 때에는 말없이 고이 보내 드리오리다"로 시작하는 김소월 시인의 '진달래꽃'은 문학 장르가 시詩다. 그 외에도 산문, 수필, 논설문 등 다양한 장르가 있다. 음악에도 여러 장르가 있다. 트로트, 재즈, 힙합, 록, 발라드 등이 있다.

우리는 성경책을 가지고 있다. 성경책을 유심히 보면 다양한 장르가 있다는 것을 알게 된다. "여호와는 나의 목자시니 내게 부족함이 없으리로다"와 같이 다윗이 하나님을 찬양하는 시詩가 성경에 있다. 이것을 시편詩篇이라고 부른다. 성경에는 시詩라는 문학 장르로 기록된 하나님의 말씀이 있다. 반면 사도 바울은 로마서를 포함해서 총 열세권의 성경을 기록하였다. 로마서는 로마 교회에 있는 신자들에게 보낸 편지다. 또 그가 기록한 디모데 전, 후서는 자신의 영적 아들인 디모데에게 보낸 편지였다. 그래서 바울이 기록한 성경의 문학 장르를 편지 즉 서신서 라고 부른다. 바울은 하나님의 뜻을 교회에게 편지라는 문학 양식을 통해 전달했다. 이렇듯 성경은 글자와 문학양식으로 기록되어 있다. 구약성경은 히브리어, 신약성경은 헬라어로 기록되었다. 그런 의미에서 요한계시록 역시 예외가 아니다. 요한계시록은 세 가지 문학 양식으로 기록된 하나님의 말씀이다. 즉 세 가지 복합적인 양식으로 구성되어 있다. 이를 통해 하나님의 뜻을 신자들에게 전달하고 있는 것이다. 그렇다면 요한계시록은 어떤 문학 장르를 사용하고 있는 것일까?

첫 번째, 요한계시록은 계시서다. 계시서를 '계시문학' 혹은 '묵시문학' 이라고도 부른다.

"예수 그리스도의 계시라 이는 하나님이 그에게 주사 반드시 속히 일어날 일들을 그 종들에게 보이시려고 그의 천사를 그 종 요한에게 보내어 알게 하신 것이라"_계1:1

요한계시록을 요한묵시록이라고도 한다. 계시啓示 또는 묵시默示로 번역된 '아포칼룹시스' 는 '덮개를 벗긴다', '숨겨진 것을 드러낸다' 는 뜻을 가지고 있다. 계시啓示는 '열어서 보여 준다' 는 뜻이며, 묵시默示는 '은근히 보여 준다' 는 말이다. 그렇다면 어떻게 보여준다는 의미일까? 그것은 계시록 1장 1절에 "그 종 요한에게 보내어 알게 하신 것이라"에서 찾을 수 있다. 개역 한글판은 "그 종 요한에게 보내어 지시하신 것이라"고 되어있다. '지시하다', '알게 하다' 라는 단어의 원어는 '세마이노' 이다. 이것은 '말로 신호하다' 는 뜻을 가지고 있다. 이 단어는 '세마' 라는 헬라어에서 유래가 되었다. 이것을 우리말로 표현하면 '표시', 영어로 사인a sign이다. 사인의 의미를 잘못 이해하면 다음과 같은 일이 생긴다.

"성종아, 명종이 안 되겠다. 명종이 손 좀 봐줘라. 뭐해, 명종이 손 좀 봐주라니까."

"명종이 손봐주라고?"

"그래, 명종이 손봐주라고."

잠시 후, 성종이는 명종이의 손을 잡고서 손바닥을 한참 동안 바라보았다. 그리고 자신의 손으로 명종이 손을 만지작거렸다.

"아빠, 명종이 손 다 봤어."

야구경기를 보면 투수와 포수는 서로 사인을 주고받는다. 그런데 그 사인은 같은 팀 선수들이라면 모두 알 수 있는 내용이다. 반면 상대방은 그 사인의 의미가 무엇인지 알 수가 없다. 마찬가지로 요한계시록은 같은 편인 경우에는 그 의미를 알 수 있지만, 그 반대에 있는 사람들은 알 수가 없다. 왜 그럴까? 그 이유는 같은 편끼리 알 수 있는 사인이기 때문이다. 즉 상징적 표현으로 요한계시록의 수신자 교회 성도들끼리는 그 의미를 알고 있었고 그것을 서로에게 전달할 수 있었다. 그러나 교회 밖에 있는 사람들과 핍박자들은 요한계시록에 기록된 상징적 표현의 의미를 알 수가 없었다. 이것이 계시서의 특징이다. 계시의 가장 주된 특징은 주로 상징적 표현으로 의미를 전달한다는 것이다.

또 다른 두드러진 특징은 극심한 핍박과 고난을 당하는 초대교회 성도들에게 인내하도록 격려하는 메시지다. 쉽게 말하면 예수님을 믿는다는 이유로 핍박자들은 이루 말할 수 없는 고난을 초대교회 성도들에게 안겨주었다. 그 핍박이라는 것은 상상할 수 없을 만큼 가혹했다. 도저히 이 땅에서 살 소망이 보이질 않았다. 함께 신앙생활하던 형제, 자매들이 어느 날 로마 군인에게 체포되어 끌려갔다. 급기야 원형경기장에서 수만 명의 사람들이 지켜보는 가운데 너무나 잔인하게 맹수들의 먹이가 되어 죽어갔다. 살아남아 있는 초대교회 성도들은 신앙으로 이겨내고 버텨보지만 이 또한 얼마나 지속할지 장담할 수 없었다. "이런 모습을 하나님은 알고 계신 것일까? 도대체 우리는 어떻게 해야 한다는 말인가?" 두려움과 공포 속에 신음하는 하나님의 종들 곧 예수님을 믿는 초대교회 성도들은 이런 삶을 살고 있었다. 그때 하나님은 교회 성도들을 외면하지 않으시고 계시의 말씀을 들려주신다. 쉽게 표현하면 다음과 같다.

"이 땅에서 소망이 없어 보이지만 그것이 전부가 아니다. 이 땅만 있는 것이 아니라 하늘이 있다. 너희들은 이 땅에 소망을 두고 사는 사람들이 아니요, 하늘 소망을 붙들고 사는 사람들이다. 지금부터 너희들에게 하늘 소망이 어떤 것인지 보여 줄 것이다. 그리고 너희를 핍박하는 자들 즉 마귀에게 속해서 온갖 가증한 일을 일삼고 하나님의 종들, 교회 성도들을 핍박하고 죽이는 악한 자들의 결과가 무엇인지 보게 될 것이다. 너희들이 힘들고 어려운 것을 모르는 바가 아니다. 그러나 그것은 잠시 잠깐이다. 곧 모든 것이 끝이 날 것이다. 그러기에 너희들은 잠시 잠깐 있는 고난 가운데 인내하라. 그리고 죽는 그 순간까지 예수 그리스도를 믿는 신앙으로 끝까지 인내하고, 충성하라."

요한계시록에 일곱 교회가 나온다. 그 중 두 교회만 예수님께 온전히 칭찬을 받았다. 서머나 교회와 빌라델비아 교회다. 그들이 칭찬을 받았던 이유는 하나님에 대한 충성과 인내로 신앙을 지켰기 때문이다.

> "너는 장차 받을 고난을 두려워하지 말라 볼지어다 마귀가 장차 너희 가운데에서 몇 사람을 옥에 던져 시험을 받게 하리니 너희가 십 일 동안 환난을 받으리라 네가 죽도록 충성하라 그리하면 내가 생명의 관을 네게 주리라"_계 2:10

> "네가 나의 인내의 말씀을 지켰은즉 내가 또한 너를 지켜 시험의 때를 면하게 하리니 이는 장차 온 세상에 임하여 땅에 거하는 자들을 시험할 때라"_계 3:10

결국 계시란 하나님께서 핍박과 고난의 시대에 살고 있는 하나님의 백성 즉 교회 신자들에게 주시는 말씀이다. 초대교회 성도들이 겪고 있던 극심한 고난과 환난이 현실적으로 극복될 가능성이 희박해 보일 때에 그 소망을 지금이 아닌 미래에 또 이 땅이 아닌 하나님이 거하시는 하늘에 두도록 하였다. 이것은 지상에 있는 교회 신자들의 시선을 하늘에 두게 함으로 하나님께서 베푸실 영광과 승리를 소망하며 그러한 어려움을 신앙적으로 극복하게 하려는 목적으로 기록된 것이다. 찬양 사역자 민호기 목사가 부른 '하늘소망' 이라는 노래가 있다. 이 노래는 요한계시록의 의미를 잘 나타내고 있다고 생각한다.

> 나 지금은 비록 땅을 벗하며 살지라도
> 내 영혼 저 하늘을 디디며 사네
> 내 주님 계신 눈물 없는 곳
> 저 하늘에 숨겨둔 내 소망 있네
> 보고픈 얼굴들 그리운 이름들 많이 생각나
> 때론 가슴 터지도록 기다려지는 곳
> 내 아버지 넓은 품 날 맞으시는
> 저 하늘에 쌓아둔 내 소망 있네
> 주님 그 나라에 이를 때까지
> 순례의 걸음 멈추지 않으며
> 어떤 시련이 와도 나 두렵지 않네
> 주와 함께 걷는 이 길에

그래서 계시서의 특징을 한 마디로 요약하면 "충성하고, 인내하라." 이다. 우리는 요한계시록을 읽을 때, 꼭 이것을 생각해야 한다.

두 번째 요한계시록은 예언서다.

"이 예언의 말씀을 읽는 자와 듣는 자와 그 가운데에 기록한 것을 지키는 자는 복이 있나니 때가 가까움이라"_계1:3

성경 어디에 예언서가 있을까? 바로 구약 성경에 있다. 열여섯 명의 선지자들이 열일곱 권의 예언서를 기록하였다. 이사야, 예레미야, 예레미야애가, 에스겔, 다니엘, 호세아, 요엘, 아모스, 오바댜, 요나, 미가, 나훔, 하박국, 스바냐, 학개, 스가랴, 말라기. 이상의 선지자들이 하나님의 말씀을 받아 예언했기 때문에 '예언서' 또는 '선지서'라고 부른다.

흔히 예언豫言이라는 말은 미래의 일을 미리 말한다는 뜻이다. 그런데 성경에서 말하는 예언은 단순히 미래의 일을 말하는 것이 아니다. 예언서의 특징은 다음과 같다. 하나님은 택하신 이스라엘 백성들이 하나님께서 주신 율법과 계명을 따라 살기를 원하셨다. 그러나 대다수 이스라엘 왕과 백성들은 하나님 말씀에 순종하지 않았다. 하나님 말씀에 불순종한 이스라엘은 바알을 비롯한 주변국들의 우상에게 제사를 지내고 숭배하였다. 결국 신앙의 타락은 윤리적 타락으로 이어졌다. 이런 이스라엘을 지켜보시던 하나님은 하나님의 말씀을 대신 전할 사람을 선택하셨다. 그 사람을 선지자라고 부른다. 그들은 이렇게 말했다.

"이스라엘 여러분, 지금 여러분이 행하는 우상숭배와 타락은 하나님 앞에 죄악입니다. 여러분은 하나님께서 과거 출애굽한 우리 조상들에게 주셨던 계명과 율법을 잊어버렸습니다. 우리 조상들은 광야에서 계명과 율법을 지키며 살았습니다. 그러나 하나님의 말씀을 떠나

불순종하여 우상숭배를 하기도 하였습니다. 그 때 어떤 일이 있었습니까? 하나님의 진노 때문에 심판을 받았습니다. 오늘날 여러분의 모습이 광야에 있었던 조상들의 모습과 같습니다. 만약 여러분이 행하는 일을 회개하지 않으면 우리 조상들이 받았던 하나님의 심판을 받게 될 것입니다. 빨리 회개하고 하나님께로 돌아가야만 합니다. 우리가 회개하고 돌아간다면 잠깐의 고난 후에 다시 회복시켜 주실 것입니다. 회개하고 돌아가야 합니다. 만약 회개하지 않는다면 무서운 심판을 받을 수밖에 없습니다."

선지자들의 이러한 외침을 이스라엘 백성들은 어떻게 했을까? 그들은 귀 기울여 듣지 않았다. 오히려 거짓 선지자들의 말을 경청했다. 거짓 선지자들은 결코 그런 일은 일어나지도 않을 것이라고 말했다. 더 나아가 이스라엘은 택함 받은 백성이기 때문에 평화를 누릴 것이라고 전했다. 백성들은 하나님께서 보낸 선지자의 말을 듣기보다 거짓 선지자들의 말을 더 좋아했다. 결국 거짓 선지자들의 말을 경청한 이스라엘은 심판을 받게 되었다. 그 결과 하나님의 성전은 이방 나라에게 파괴되고, 성전에서 사용하던 모든 기물은 침략한 나라의 전리품으로 빼앗겼다. 그들은 자신들의 나라로 돌아가 자기들이 섬기는 신 앞에 하나님 성전의 귀중한 기물을 바쳤다. 이 뿐만이 아니었다. 백성들은 포로로 끌려가서 심한 노역을 해야 했다. 죽음보다 더 비참한 생활을 하게 되었다. 이런 고난을 통해 백성들은 비로소 깨닫게 되었다. 자신들이 하나님의 말씀을 떠난 삶에 대해 회개하였다. 그들은 다시 하나님을 부르기 시작했다. 이런 이스라엘을 하나님은 어떻게 하셨을까? 하나님은 선지자를 통해 약속하셨다. 정해진 시간이 지나면 반드시 회복하게 될 것이라고 말씀하셨다. 이것이 선지자들을 통해 주어진 예언서의 특징이다. 예언서의 특징은 앞날을 예측하는 것이라기보다는 현재의 삶을 회개하면 회복시키고, 그렇지 않으면 진노의 심판을 받는다는 것이다.

이런 의미에서 요한계시록은 예언서와 똑같은 특징을 가지고 있다. 로마 황제의 극심한 핍박은 교회에게 큰 시련이었다. 시련 때문에 신자들은 흔들렸다. 목숨의 위기를 느꼈던 일부 사람들은 배교를 했다. 또 배교는 하지 않았지만 미온적인 신앙생활을 하는 사람이 늘어났다. 이런 교회의 실정을 잘 알고 있는 예수님은 사도 요한에게 말씀을 전하도록 하였다.

"그러므로 어디서 떨어졌는지를 생각하고 회개하여 처음 행위를 가지라 만일 그리하지 아니하고 회개하지 아니하면 내가 네게 가서 네 촛대를 그 자리에서 옮기리라"__계2:5

"이와 같이 네게도 니골라 당의 교훈을 지키는 자들이 있도다 그러므로 회개하라 그리하지 아니하면 내가 네게 속히 가서 내 입의 검으로 그들과 싸우리라"__계2:15-16

"볼지어다 내가 그를 침상에 던질 터이요 또 그와 더불어 간음하는 자들도 만일 그의 행위를 회개하지 아니하면 큰 환난 가운데에 던지고 또 내가 사망으로 그의 자녀를 죽이리니 모든 교회가 나는 사람의 뜻과 마음을 살피는 자인 줄 알지라 내가 너희 각 사람의 행위대로 갚아 주리라"__계2:22-23

"그러므로 네가 어떻게 받았으며 어떻게 들었는지 생각하고 지켜 회개하라 만일 일깨지 아니하면 내가 도둑 같이 이르리니 어느 때에 네게 이를는지 네가 알지 못하리라"__계3:3

"무릇 내가 사랑하는 자를 책망하여 징계하노니 그러므로 네가 열심을 내가 회개하라 볼지어다 내가 문 밖에 서서 두드리노니 누구든지 내 음성을 듣고 문을 열면 내가 그에게로 들어가 그와 더불어 먹고 그는 나와 더불어 먹으리라"__계3:19-20

한 마디로 요약하면 회개하라는 말씀이었다. "회개하라. 그렇지 않으면 하나님의 진노가 있을 것이다." 구약 성경 예언서가 가지고 있는 특징을 요한계시록에서도 그대로 찾아 볼 수 있다. 특별히 일곱 교회 중 다섯 교회에게 말씀하시는 핵심은 '회개하라' 였다. 그래서 예언서의 특징은 '회개하라' 는 말씀이다. 우리가 요한계시록을 읽을 때, 이것을 잘 기억해야 한다.

세 번째, 요한계시록은 편지다. 다른 말로 표현하면 서신서다.

"요한은 아시아에 있는 일곱 교회에 편지하노니 이제도 계시고 전에도 계셨고 장차 오실 이와 그의 보좌 앞에 있는 일곱 영과"__계1:4

"에베소 교회의 사자에게 편지하라 오른손에 있는 일곱 별을 붙잡고 일곱 금 촛대 사이를 거니시는 이가 이르시되"__계2:1

"서머나 교회의 사자에게 편지하라 처음이며 마지막이요 죽었다가 살아나신 이가 이르시되"__계2:8

"버가모 교회의 사자에게 편지하라 좌우에 날선 검을 가지신 이가 이르시되"__2:12

"두아디라 교회의 사자에게 편지하라 그 눈이 불꽃같고 그 발이 빛난 주석과 같은 하나님의 아들이 이르시되"__계2:18

"사데 교회의 사자에게 편지하라 하나님의 일곱 영과 일곱 별을 가지신 이가 이르시되 내가 네 행위를 아노니 네가 살았다 하는 이름은 가졌으나 죽은 자로다"__계3:1

"빌라델비아 교회의 사자에게 편지하라 거룩하고 진실하사 다윗의 열쇠를 가지신 이 곧 열면 닫을 사람이 없고 닫으면 열 사람이 없는 그가 이르시되"__계3:7

"라오디게아 교회의 사자에게 편지하라 아멘이시요 충성되고 참된 증인이시요 하나님의 창조의 근본이신 이가 이르시되"__계3:14

요한계시록에서 말하는 아시아는 어디일까? 중국, 인도, 한국, 일본이 있는 아시아를 말하는 것일까? 아니다. 여기에서 말하는 아시아는 소아시아로써, 오늘날 터키 지역을 말한다. 그렇다면 소아시아에는 일곱 교회만 있었을까? 그렇지 않다. 골로새 교회, 히에라폴리스 교회도 있었다.

"그가 너희와 라오디게아에 있는 자들과 히에라볼리에 있는 자들을 위하여 많이 수고하는 것을 내가 증언하노라"__골4:13

요한의 편지를 받은 에베소, 서머나, 버가모, 두아디라, 사데, 빌라델비아, 라오디게아 교회는 지리적으로 편지를 받기가 쉬웠다. 이 교회들은 당시 로마의 식민지로서 로마의 순환도로상에 위치한 연쇄도

시들로서, 소아시아의 중요한 도시였다. 일곱 도시는 에베소를 시작으로 북쪽의 서머나와 버가모를 지나 남쪽으로 두아디라, 사데, 버가모, 라오디게아를 거쳐 에베소로 다시 돌아가는 순환도로 옆에 있었던 소아시아의 서쪽 중부의 일곱 우편 구역의 중심지였다. 이런 지리상의 유리한 점 때문에 요한의 편지를 쉽게 받을 수 있었을 것이다.

이상으로 요한계시록의 장르를 살펴보았다. 그것은 계시서, 예언서 그리고 서신서다. 이 세 가지 문학 양식을 통해 하나님의 말씀을 신자들에게 하고 있다. 그 중에서도 요한계시록의 가장 두드러진 문학 양식은 계시다. 그래서 요한이 일곱 교회에게 전달한 편지를 요한계시록이라고 부른다.

17 교회를 위한 책

성경은 교회를 위한 책이다. 그렇게 본다면 요한계시록도 예외가 아니다. 그러나 요한계시록에 대한 왜곡된 생각은 기형적인 신앙을 낳게 된다. 교회 역사 속에 있었던 사이비, 이단들은 자신들만이 요한계시록에 숨겨진 참된 비밀을 알고 있다고 주장했다. 그런데 그런 주장에서 그치는 것이 아니라 비밀을 알고, 깨달은 사람만이 하나님의 구원을 얻을 수 있다고 말했다. 당연히 그들은 자신들이 속한 집단만 구원을 얻을 수 있다고 사람들에게 가르쳤다. 이런 모습이 과거에만 있었겠는가? 그렇지 않다. 이것은 과거에만 있었던 것이 아니라 오늘날에도 흔하게 볼 수 있는 모습이다.

그렇다면 요한계시록은 누구를 위한 말씀인가? 특정 인물과 특수 비밀 집단을 위한 말씀일까? 아니다. 요한계시록은 다른 성경과 같이 모든 시대, 모든 세대, 모든 교회를 위한 하나님의 말씀이다. 대한민국 교회를 위한 말씀이다. 일본 교회를 위한 말씀이다. 미국 교회를 위한 말씀이다. 유럽 교회를 위한 말씀이며, 아프리카 교회를 위한 하나님의 말씀이다. 일차적으로는 1세기 소아시아 지역에 있었던 일곱 교회에게 주신 말씀이다. 그러나 1세기에만 국한 된 것은 아니다. 요한계시록이 교회를 위한 하나님의 말씀이라는 것을 이제 찾아보도록 하겠다.

> "예수 그리스도의 계시라 이는 하나님이 그에게 주사 반드시 속히 일어날 일들을 그 종들에게 보이시려고 그의 천사를 그 종 요한에게 보내어 알게 하신 것이라"__계1:1

요한계시록은 '그 종들'에게 주신 말씀이다. 그렇다면 '그 종들'은 누구일까? 이단, 사이비는 자신들의 집단이라고 말할 것이다. 물론 집단이라고 하지 않고 자기들 교회라고 할 것이다. 또 어떤 이들은 오늘날 구약의 선지자 역할을 하고 있는 목사님들이라고 말하기도 한다. 그 근거를 아모스 3장 7절에 두고 있다. "주 여호와께서는 자기의 비밀을 그 종 선지자들에게 보이지 아니하시고는 결코 행하심이 없으시리라." 이것이 틀렸다라고 말할 수는 없겠지만 요한계시록에서 말씀하고 있는 '그 종들'을 어느 특정인으로 한정하기에는 무리가 있다. 다행스러운 것은 요한계시록이 '그 종들'에 대해 말하고 있다.

> "보좌에서 음성이 나서 이르시되 하나님의 종들 곧 그를 경외하는 너희들아 작은 자나 큰 자나 다 우리 하나님께 찬송하라 하더라"__계19:5

그렇다면 하나님의 종들 곧 그를 경외하는 너희들은 누구인가? 하나님의 종들은 예수님을 경외하는 사람들이다. 그리고 그들을 교회라고 부른다. 종합해보면 예수 그리스도의 계시는 예수님께서 교회들에게 하나님의 뜻을 상징이라는 방법을 통해 보여주시는 하나님의 말씀이다.

"이 예언의 말씀을 읽는 자와 듣는 자와 그 가운데에 기록한 것을 지키는 자는 복이 있나니 때가 가까움이라"__계1:3

위의 말씀은 요한계시록이 누구를 위한 말씀이며, 언제 배우게 되었는지를 알 수 있다. '이 예언의 말씀'은 요한계시록이다. 그런데 여기에 읽는 자, 듣는 자 그리고 지키는 자가 나온다. 그런데 원어 성경을 직역하면 읽는 자, 듣는 자들, 지키는 자들이다. 그렇다면 읽는 자는 누구일까? 그는 성경 봉독자이다. 모든 교회 신자들을 대표해서 성경을 낭독하는 사람이다. 그리고 듣는 자들은 말씀을 듣는 회중을 말하며, 지키는 자들은 말씀을 낭독하는 사람과 듣는 회중 전체를 말한다. 즉 요한계시록은 교회를 위한 것이고, 예배 때 사용된 말씀이다. 이것은 무엇을 말하는 것일까? 어떤 특정한 사람이, 특정한 장소에서, 자신에게만 계시되어 비밀을 알게 되었다는 식의 주장을 일축시키는 것이다. 오히려 요한계시록은 공개적이고 보편적인 말씀이다. 종말의 특정한 장소와 시간을 발견하기 위한 말씀이 아니라, 모든 신자들의 신앙을 유익하게 하는 복음이다.

"요한은 아시아에 있는 일곱 교회에 편지하노니 이제도 계시고 전에도 계셨고 장차 오실 이와 그의 보좌 앞에 있는 일곱 영과"__계1:4

"이르되 네가 보는 것을 두루마리에 써서 에베소, 서머나, 버가모, 두아디라, 사데, 빌라델비아, 라오디게아 등 일곱 교회에 보내라 하시기로"__계1:11

요한계시록은 일차적으로 1세기 소아시아에 있었던 일곱 교회에게 보낸 편지다. 하나님의 말씀을 담은 편지였다. 그런데 요한계시록 2장을 보면 일곱 교회만을 위한 말씀으로 한정지을 수 없다는 것을 발견하게 된다. 제일 먼저 에베소 교회가 나온다.

"에베소 교회의 사자에게 편지하라 오른손에 있는 일곱 별을 붙잡고 일곱 금 촛대 사이를 거니시는 이가 이르시되"__계2:1

그런데 에베소 교회에게 마지막으로 당부하시는 말씀은 다음과 같이 끝이 난다.

"귀 있는 자는 성령이 교회들에게 하시는 말씀을 들을지어다 이기는 그에게는 내가 하나님의 낙원에 있는 생명나무의 열매를 주어 먹게 하리라"__계2:7

에베소 교회에게 보낸 편지는 에베소 교회만을 위한 것이 아니었다. 교회들을 위한 말씀이었다. 에베소 교회 다음으로 등장하는 서머나, 버가모, 두아디라, 사데, 빌라델비아 그리고 라오디게아 교회에게 마지막으로 당부하시는 말씀도 모두 교회들에게 하시는 말씀이었다.

"귀 있는 자는 성령이 교회들에게 하시는 말씀을 들을지어다 이기는 자는 둘째 사망의 해를 받지 아니하리라"__계2:11

"귀 있는 자는 성령이 교회들에게 하시는 말씀을 들을지어다 이기는 그에게는 내가 감추었던 만나를 주고 또 흰 돌을 줄 터인데 그 돌 위에 새 이름을 기록한 것이 있나니 받는 자 밖에는 그 이름을 알 사람이 없느니라"__계2:17

"귀 있는 자는 성령이 교회들에게 하시는 말씀을 들을지어다"__계2:29

"귀 있는 자는 성령이 교회들에게 하시는 말씀을 들을지어다"라는 말씀은 3장 6절, 13절 그리고 22절에도 똑같이 기록되어 있다. 예수 그리스도의 계시는 한 교회를 위한 말씀이면서도 모든 교회들에게 하시는 말씀이라고 교훈하고 있다. 요한계시록이 끝나는 22장을 보면 요한계시록이 교회를 위한 하나님의 말씀인 것을 확인 할 수 있다.

"나 예수는 교회들을 위하여 내 사자를 보내어 이것들을 너희에게 증언하게 하였노라 나는 다윗의 뿌리요 자손이니 곧 광명한 새벽 별이라 하시더라"__계22:16

요한계시록은 교회들을 위해 기록된 말씀이다. 이것은 무엇을 말하는 것일까? 요한계시록을 읽는 사람들이 주의해야 할 것이 있다. 많은 상징으로 기록된 요한계시록을 읽을 때, 우선적으로 생각하면서 읽어야 할 것이 있다. 바로 교회다. 요한계시록에서는 교회를 어떻게 말하고 있으며, 하나님, 예수님 그리고 성령은 교회와 어떤 관계를 맺고 있는가를 발견해야 한다. 그리고 지상에 있는 교회의 사명은 무엇이며, 하늘에서 얻게 될 교회의 영광은 무엇인가를 찾아야 한다.

우리는 요한계시록에 나오는 이십 사 장로, 네 생물, 두 증인, 육백 육십 육, 십사만 사천, 아마겟돈, 전갈, 천년 동안 왕 노릇하는 것 등이 무엇인지 배울 필요가 있다. 그러나 이것이 요한계시록의 핵심은 아니다. 또 이것들에 대한 다양한 해석이 있어서 하나로 "이것이다."라고 말 할 수는 없다. "너 두 증인, 두 감람나무, 두 촛대가 무엇인지 알아?"라는 질문을 대학 4학년 때, 신천지에 빠진 친구로부터 받은 적이 있다. 그 날 이후, 요한계시록에서 말하는 두 증인, 두 감람나무 그리고 두 촛대에 대한 의문이 머릿속에서 떠나지 않았다. 결국 친구가 말하려는 것은 신천지와 신천지의 총회장 L씨를 뜻하는 것이었다. 그러나 두 증인, 두 감람나무 그리고 두 촛대는 신천지에서 말하는 그런 것이 아니라는 것을 성경 연구를 통해 알게 되었다. 우리는 요한계시록을 읽을 때 지나치게 지엽적인 것에 몰두하는 것을 주의해야 한다. 오히려 요한계시록이 말하려고 하는 핵심 즉 교회에 대해 공부하고 연구한다면 요한계시록에서 말씀하는 진리를 풍성하게 깨닫게 될 것이다.

18 누가 옵니까?

주일 오전 예배 때, 오사카 중앙 침례교회에서 '주의하는 신앙' 이라는 제목으로 설교를 했다. 그리고 오후 예배 때도 이단예방강의를 하기로 되어 있었다. 강의를 하기 전, 고민이 생겼다. 점심식사 이후라서 졸음이 몰려올 것이 분명했다. 그래서 하나님께 지혜를 구하는 기도를 드리고 숙소로 올라왔다. 먼저 다시 샤워를 하고, 머리를 손질했다. 준비한 와이셔츠로 갈아입고, 넥타이도 다른 색깔로 바꾸어 맸다. 본당으로 갔을 때, 성도들은 오후 예배를 드리기 위해 한자리에 모여 있었다.

그런데 내가 오사카 중앙 침례교회를 방문하기 전, 몇 주 동안 세칭 신천지의 활동과 피해 사례에 대한 동영상을 성도들에게 보여 주었다고 목사님은 말씀하였다. 그래서 이단들의 활동 사례와 피해에 대해서 간략하게 설명하기로 결심했다. 대신에 이단들이 잘못 해석하는 성경구절에 대해 정통교회의 바른 해석이 무엇인지 말해 주었다. 특별히 요한계시록에 대한 말씀을 비중 있게 다루면서 강의를 했다. 나는 성도들에게 두 주먹을 불끈 쥐도록 했다. 그리고 내가 질문하면 '그가' 라고 큰 소리로 외쳐달라고 부탁했다.

"볼지어다 구름을 타고 오시리라. 누가?"

"그가"

"볼지어다 구름을 타고 오리리라. 누가?"

"그가"

나는 한 번 더 힘차게 외쳐주기를 성도들에게 부탁했다.

"볼지어다 구름을 타고 오시리라. 누가?"

"그가"

부탁을 잘 따라 준 성도들에게 고맙다고 말했다. 그리고 서로를 격려하는 박수를 치도록 제안했다. 분위기가 밝아지고, 성도들의 얼굴에 웃음이 가득했다. 나는 성도들에게 말했다. "저를 따라 잘 해 주셔서 고맙습니다. 제가 왜 성도님들께 '그가' 라고 외치게 했을까요? 그 이유는 오늘 요한계시록의 말씀을 이해시켜 드리기 위해서 입니다. 요한계시록은 다시 오실 예수님 즉 재림하실 예수님에 대해 말씀하고 있습니다. 요한계시록 1장 7절은 다음과 같이 말씀하고 있습니다."

나는 성경을 펼쳐서 요한계시록 1장 7절을 큰 소리로 읽었다.

"볼지어다 그가 구름을 타고 오시리라 각 사람의 눈이 그를 보겠고 그를 찌른 자들도 볼 것이요 땅에 있는 모든 족속이 그로 말미암아 애곡하리니 그러하리

라 아멘"__계1:7

성도들에게 이렇게 말했다. "요한계시록 1장 7절에서 가장 중요한 단어가 무엇일까요? 많은 사람들은 '오시리라' 가 제일 중요하다고 생각합니다. 물론 '오시리라' 는 단어는 중요합니다. 그런데 '오시리라' 보다 더 중요한 단어는 '그가' 입니다. 그래서 제가 "볼지어다 구름을 타고 오시리라. 누가?"라고 했을 때 '그가' 라고 외치도록 한 것입니다." 요한계시록에서 사용된 헬라어 '에르코마이' 를 번역하면 '온다' 는 뜻이다. 모두 네 번 사용되었는데 현재, 직설법, 중간태로 기록되었다. 이것은 행위의 주체를 강조할 때 사용하는 용법이다. 즉 '오시리라' 의 주체가 되는 '그' 를 강조하는 것이다.

"보라 내가 속히 오리니 이 두루마리의 예언의 말씀을 지키는 자는 복이 있으리라 하더라"__계22:7

"보라 내가 속히 오리니 내가 줄 상이 내게 있어 각 사람에게 그가 행한 대로 갚아 주리라"__계22:12

"이것들을 증언하신 이가 이르시되 내가 진실로 속히 오리라 하시거늘 아멘 주 예수여 오시옵소서"__계22:20

요한계시록은 재림의 주체가 되는 예수님을 강조하고 있다. "반드시 내가 다시 오겠다."는 확신을 고난 받는 성도들에게 심어 주시기 위해 이 말씀을 하셨다. 그래서 우리는 요한계시록을 읽을 때 최우선으로 예수님은 어떻게 표현되어 있고, 어린 양의 피로 구원한 교회를 어떻게 인도하시는가를 발견하는 것이 중요하다. 그렇다면 재림을 기다리는 신자들은 어떤 태도를 가져야할까? 예수님은 이렇게 말씀하셨다.

> "그들이 모였을 때에 예수께 여쭈어 이르되 주께서 이스라엘 나라를 회복하심이 이 때니이까 하니 이르시되 때와 시기는 아버지께서 자기의 권한에 두셨으니 너희가 알 바 아니요 오직 성령이 너희에게 임하시면 너희가 권능을 받고 예루살렘과 온 유대와 사마리아와 땅 끝까지 이르러 내 증인이 되리라 하시니라"__행1:6-8

그렇다면 구름을 타고 오신다는 뜻은 무엇일까? 혹자는 구름을 '영' 혹은 '말씀' 등으로 해석하기도 한다. 그러나 그렇게 해석하는 것은 무리가 있다. '구름을 타고'라는 말씀은 원어로 '메타 톤 넵헬론'이다. '타고'로 번역한 '메타'는 '~과와 함께' 또는 '~가운데서'라는 뜻을 갖고 있다. 그래서 '구름을 타고'라는 말씀을 '구름과 함께' 또는 '구름 가운데'라고 번역하는 것이 적합하다. 구름을 타고 인자 즉 메시야가 온다는 말씀은 구약성경에 나온다.

> "내가 또 밤 환상 중에 보니 인자 같은 이가 하늘 구름을 타고 와서 옛적부터 항상 계신 이에게 나아가 그 앞으로 인도되매 그에게 권세와 영광과 나라를 주고 모든 백성과 나라들과 다른 언어를 말하는 모든 자들이 그를 섬기게 하였으니 그의 권세는 소멸되지 아니하는 영원한 권세요 그의 나라는 멸망하지 아니할 것이니라"__단7:13-14

예수님도 인자가 구름을 타고 올 것에 대해 말씀하셨다.

"그 날 환난 후에 즉시 해가 어두워지며 달이 빛을 내지 아니하며 별들이 하늘에서 떨어지며 하늘의 권능들이 흔들리리라 그 때에 인자의 징조가 하늘에서 보이겠고 그 때에 땅의 모든 족속들이 통곡하며 그들이 인자가 구름을 타고 능력과 큰 영광으로 오는 것을 보리라 그가 큰 나팔소리와 함께 천사들을 보내리니 그들이 그의 택하신 자들을 하늘 이 끝에서 저 끝까지 사방에서 모으리라"__마24:29-31

구름은 하나님의 임재, 위엄과 영광을 상징하는 표현으로 사용되었다.

"셋째 날 아침에 우레와 번개와 빽빽한 구름이 산 위에 있고 나팔 소리가 매우 크게 들리니 진중에 있는 모든 백성이 다 떨더라"__출19:16

그런데 요한계시록은 예수님께서 다시 오실 때 구름을 타고 오신다고 말씀하고 있다. 이것은 예수 그리스도의 영광스러운 재림을 가리키는 상징적 표현이다. 그래서 예수님은 영광스럽고, 위엄 있는 모습으로 다시 오신다. 예수님의 재림으로 그리스도의 완전한 승리가 이루어지며, 반대로 악한 자는 완전히 정복당하게 된다.

19 선입견

주변 사람들로부터 이런 말을 많이 듣는다. "너무 성격이 급합니다. 천천히 하세요.", "어떻게 성격이 '도' 아니면 '모' 입니까?" "당신의 성격은 바울보다는 베드로에 가깝습니다." 한 때는 이런 성격을 고쳐보려고 했다. 그런데 잘 안됐다. 그래서 생각을 바꿨다. 안 되는 것에 힘 빼지 않기로 결심했다. 대신에 내가 갖고 있는 성격의 장점이 무엇인지 알아보고, 적극적으로 개발하여 행동으로 옮겼다. 이런 성격은 성경을 읽을 때도 나타난다. 내가 제일 좋아하는 것은 일관성이다. 그런데 요한계시록을 읽으면서 내 성격과는 거리가 멀다고 느꼈다. 물론 성경을 성격 따라 읽는 것이 아니라는 것을 알고 있다. 그래도 바꾸기가 쉽지 않았다. 특별히 요한계시록 5장을 보면서 이런 생각을 많이 했다.

요한계시록 5장의 소주제는 '책과 어린 양' 이다. 나는 사람들에게 질문을 해 봐야겠다는 생각을 했다. 질문은 이것이었다. "당신은 어떻게 생각합니까? 성경은 예수님을 어떤 동물로 비유할까요? 일번, 어린 양, 이번, 사자." 이 질문을 독자인 당신에게도 해 보고 싶다. 사람들은 무엇이라고 대답했을까? 그렇다. 사람들의 대답은 당신이 지금 생각하고 있는 것과 똑같았다. 백이면 백 어린 양이라고 대답했다. "혹시 사자라고 생각하는 사람 손들어 보세요."라고 말했을 때 아직까지 손든 사람을 만나지 못했다. 나 역시 예수님을 어린 양으로 알고 있었다. 어린 양과 관련된 찬양을 부를 때면 예수님을 떠 올렸다.

    어린 양 찬양 우리 죄 위해 죽으신 주님
    또 죽음에서 부활하신 영원하신 주 할렐루야
    어린 양 찬양 오직 그 이름 송축하리라
    모두 무릎 꿇고 경배하며 외치리 할렐루야
    그는 주 그는 주 그는 주 그는 주 그는 주

요한복음에도 예수님을 어린 양으로 말하고 있다.

"이튿날 요한이 예수께서 자기에게 나아오심을 보고 이르되 보라 세상 죄를 지고 가는 하나님의 어린 양이로다"__요1:29

그런데 요한계시록은 예수님을 어린 양으로만 말하고 있지 않다. 우리의 선입견이 예수님을 어린 양으로만 알게 한 것이다.

"장로 중의 한 사람이 내게 말하되 울지 말라 유대 지파의 사자 다윗의 뿌리가 이겼으니 그 두루마리와 그 일곱 인을 떼시리라 하더라"__계5:5

'유대 지파의 사자' 즉 동물의 왕인 '사자Lion'가 메시아이신 예수님으로 비유되었다. 이 말씀은 야곱이 유다에게 유언한 내용을 근거로 하고 있다.

"유다야 너는 네 형제의 찬송이 될지라 네 손이 네 원수의 목을 잡을 것이요 네 아버지의 아들들이 네 앞에 절하리로다 유다는 사자 새끼로다 내 아들아 너는 움킨 것을 찢고 올라갔도다 그가 엎드리고 웅크림이 수사자 같고 암사자 같으니 누가 그를 범할 수 있으랴 규5)가 유다를 떠나지 아니하며 통치자의 지팡이가 그 발 사이에서 떠나지 아니하기를 실로가 오시기까지 이르리니 그에게 모든 백성이 복종하리로다"__창49:8-10

예수님은 사자와 같으신 분이다. 다른 말로 표현하면 모든 왕 중의 왕이며, 진정한 승리자라는 것이다. 이런 모습을 떠 올려보면 기분이 뿌듯해진다. 그런데 요한계시록 5장 6절은 예수님의 모습이 사자가

---

5) 개역한글판에는 '치리자의 지팡이'라고 기록되어 있다.

아니라 어린 양으로 등장한다. 그것도 일찍이 죽임을 당한 어린 양으로 묘사되어 있다.

> "내가 또 보니 보좌와 네 생물과 장로들 사이에 한 어린 양이 서 있는데 일찍이 죽임을 당한 것 같더라 그에게 일곱 뿔과 일곱 눈이 있으니 이 눈들은 온 땅에 보내심을 받은 하나님의 일곱 영이더라 그 어린양이 나아와서 보좌에 앉으신 이의 오른손에서 두루마리를 취하시니라"__계5:6-7

어떻게 사자가 어린 양이 될 수 있단 말인가? 현실 속에서는 불가능한 일이다. 그렇다면 왜 예수님에 대해 두 동물의 이미지를 비유로 사용한 것일까? 거기에는 분명한 이유가 있다. 죽임을 당한 어린 양은 패배한 것처럼 보인다. 유월절 어린 양처럼 예수님은 십자가에서 죽으셨다. 예수님을 미워했던 모든 사람들은 자신들의 승리를 자축했다. 그러나 승리의 도취는 잠시 잠깐이었다. 예수님은 사흘 만에 살아나시고, 부활했다. 죽음과 사망을 이기고 살아나셨다. 이제 예수님은 패배한 것 같은 어린 양이 아니라, 승리의 왕인 사자가 되신 것이다.

이 말씀을 듣고 있던 1세기 일곱 교회 성도들의 상황이 어떠했는가? 그들 역시 예수님을 믿는다는 이유로 언제 잡혀서 죽을지 모르는 위험한 상황이었다. 잡히는 날에는 어린 양처럼 맹수들과 핍박 자들에 의해 죽임을 당하게 될 것이다. 이런 상황에 놓인 교회는 얼마나 불안하고 두려웠을까? 그런데 일찍이 죽임 당한 어린 양이신 예수님은 더 이상 십자가 위에 계시지 않고, 하늘에 계셔 사자와 같이 모든 것을 알고, 억울함을 풀어주시기 위해 심판을 준비하는 왕으로 교회에게 자신을 보여주셨다. 교회가 죽도록 충성하고, 인내할 이유를 얻게 된 것이다. 죽음으로 모든 것이 끝나지 않는다는 것을 다시 깨닫게 되었다. 죽음 너머에 있는 하나님의 영광에 참여하게 될 것을 온전히 소망하게 되었다. 그리고 자신들을 억압하고 핍박했던 모든 악인들은 하나님께서 준비하신 엄청난 심판과 진노에 의해 영원한 형벌을 받게 될 것을 알게 되었다. 바로 예수님의 두 이미지, 일찍이 죽임당한 어린 양과 사자의 모습은 고난 받는 교회에게 확신과 소망을 붙들게 하는 원동력이 되었다.

20 인침을 받은 자들

요한계시록에서 말하는 인침을 받은 자, 십사만 사천이 자신들의 집단이라고 주장하는 이단이 있다. 특별히 세칭 신천지의 경우가 그렇다. 전국에 신천지 열두 개 지부를 두고 그것을 열두 지파라고 부른다. 그들은 각 지부별로 일만 이천 명씩 총 십사만 사천을 모으려고 혈안이 되어 있다. 본래 열두 지파는 구약성경에 나온다. 야곱의 열두 아들이 이스라엘 각 지파의 조상이 되었다.

> "야곱의 아들은 열둘이라 레아의 아들들은 야곱의 장자 르우벤과 그 다음 시므온과 레위와 유다와 잇사갈과 스블론이요 라헬의 아들들은 요셉과 베냐민이며 라헬의 여종 빌하의 아들들은 단과 납달리요 레아의 여종 실바의 아들들은 갓과 아셀이니 이들은 야곱의 아들들이요 밧단아람에서 그에게 낳은 자더라"_창35:22-26

그런데 신천지는 야곱의 열두 아들이 아닌 예수님의 열 두 제자의 이름에 지파를 붙였다. 요한, 베드로, 야고보, 안드레, 다대오, 빌립, 시몬, 바돌로매, 마태, 맛디아, 야고보, 도마. 이들은 영적 열두 지파가 예수님의 제자들이라고 주장한다. 이것은 억지주장이다. 성경 그 어디에도 열두 제자는 열두 지파라고 말 한 적이 없다. 신천지 표현대로 말하자면 말씀에 없는 것을 더한 행위다. 요한계시록 7장의 소제목은 인침을 받은 십사만 사천 명이다. 그렇다면 요한계시록 7장에 나오는 인침을 받은 자들은 누구인가?

첫째, 인침을 받은 자들은 하나님의 종들이다.

> "이르되 우리가 우리 하나님의 종들의 이마에 인치기까지 땅이나 바다나 나무들을 해하지 말라"_계7:3

하나님의 종들은 이마에 인(印)을 받게 된다. 인 즉 도장이 찍혀 있다는 것은 하나님의 소유라는 의미다. 하나님의 종들은 하나님께 속한 것이다. 그래서 진노의 큰 날에 어떠한 해로움도 당하지 않는다. 반면 세상 사람들은 하나님의 진노의 큰 날을 피할 수가 없다.

> "그들의 진노의 큰 날이 이르렀으니 누가 능히 서리요 하더라"_계6:17

> "그들에게 이르시되 땅의 풀이나 푸른 것이나 각종 수목은 해하지 말고 오직 이마에 하나님의 인침을 받지 아니한 사람들만 해하라 하시더라"_계9:4

그렇다면 하나님의 종들은 누구일까? 요한계시록에서는 하나님의 종들을 누구라고 말하고 있는 것일까? 다음의 말씀을 살펴보자.

> "예수 그리스도의 계시라 이는 하나님이 그에게 주사 반드시 속히 일어날 일들을 그 종들에게 보이시려고 그 종 요한에게 보내어 알게 하신 것이라"_계1:1

> "보좌에서 음성이 나서 이르시되 하나님의 종들 곧 그를 경외하는 너희들아 작은 자나 큰 자나 다 우리 하나님께 찬송하라 하더라"__계19:5

하나님의 종들은 그 분을 경외하는 자들이다. 즉 교회를 말한다. 예수님을 구주로 믿고 고백하는 신자들을 뜻한다. 교회는 무엇인가? 교회는 하나님의 인침을 받은 자들이다.

둘째, 인침을 받은 자들은 십사만 사천이다.

> "내가 인침을 받은 자의 수를 들으니 이스라엘 자손의 각 지파 중에서 인침을 받은 자들이 십사만 사천이니 유다 지파 중에 인침을 받은 자가 일만 이천이요 르우벤 지파 중에 일만 이천이요 갓 지파 중에 일만 이천이요 아셀 지파 중에 일만 이천이요 납달리 지파 중에 일만 이천이요 므낫세 지파 중에 일만 이천이요 시므온 지파 중에 일만 이천이요 레위 지파 중에 일만 이천이요 잇사갈 지파 중에 일만 이천이요 스블론 지파 중에 일만 이천이요 요셉 지파 중에 일만 이천이요 베냐민 지파 중에 인침을 받은 자가 일만 이천이라"__계7:4-8

열두 지파 일만 이천 명씩 총 십사만 사천 명이 나온다. 통계청에서 조사원들이 각 집을 방문해서 인구를 조사한다. 한 나라의 인구 상황을 총체적으로 파악하기 위하여 일정한 시기에 전국적으로 인구의 실태를 조사하는 일을 인구센서스census라고 한다. 그런데 구약 성경에도 인구 조사를 한 예가 나온다. 바로 민수기民數記다. 백성 민民, 셀 수數, 적을 기記. 말 그대로 백성의 수를 조사하여 기록한 책이다. 그렇다면 왜 이스라엘은 인구 조사를 했을까?

> "너희는 이스라엘 자손의 모든 회중 각 남자의 수를 그들의 종족과 조상의 가

문에 따라 그 명수대로 계수할지니 이스라엘 중 이십 세 이상으로 싸움에 나
갈 만한 모든 자를 너와 아론은 그 진영별로 계수하되 각 지파의 각 조상의 가
문의 우두머리 한 사람씩을 너희와 함께 하게 하라"__민1:2-4

이스라엘의 인구 조사 목적은 전쟁에 나갈 수 있는 사람들을 파악하기 위해서였다. 그래서 이십 세 이상 남자들만 계수했다. 그런데 인구 조사에서 빠진 사람들이 있었다. 이스라엘 유아, 어린이, 노인 그리고 여자들은 제외됐다. 우리가 요한계시록을 읽다보면 구약 성경에 나오는 표현들이 많이 등장하는 것을 알게 된다. 성경에 나오는 인구 조사는 전쟁에 참가할 수 있는 사람을 조사하기 위한 것이었다. 결국 인침을 받은 자들 십사만 사천이라는 인구 계수는 전쟁을 위한 표현이다. 그렇다면 누가 어떤 전쟁을 싸워야 한다는 것일까? 요한계시록을 받은 에베소 교회를 비롯한 일곱 교회 그리고 더 나아가 주님이 다시 오시는 그날까지 이 지구상에 존재하는 모든 교회는 요한계시록에서 말하고 있는 마귀, 짐승 그리고 음녀와 영적 전쟁을 해야 하는 하나님의 군대로 비유되었다. 요한계시록에서 말하는 십사만 사천은 상징적인 숫자다. 만약 사실적인 숫자라면 예수님을 믿는 유아, 어린이, 노인 그리고 여자들은 십사만 사천에 포함되지 않을 것이다. 그러나 요한계시록에서 말하고 있는 영적 전쟁은 예수님을 믿는 모든 사람들 즉 교회의 남녀노소 한 명도 예외 없이 모두가 싸워야 하는 전쟁으로 표현하고 있다. 사도 바울의 표현을 들자면 하나님의 전신 갑주를 입어야 한다는 것이다.

"끝으로 너희가 주 안에서와 그 힘의 능력으로 강건하여지고 마귀의 간계를 능히 대적하기 위하여 하나님의 전신 갑주를 입으라 우리의 씨름은 혈과 육을

상대하는 것이 아니요 통치자들과 권세들과 이 어둠의 세상 주관자들과 하늘에 있는 악의 영들을 상대함이라 그러므로 하나님의 전신 갑주를 취하라 이는 악한 날에 너희가 능히 대적하고 모든 일을 행한 후에 서기 위함이라 그런즉 서서 진리로 너희 허리띠를 띠고 의의 호심경을 붙이고 평안의 복음이 준비한 것으로 신을 신고 모든 것 위에 믿음의 방패를 가지고 이로써 능히 악한 자의 모든 불화살을 소멸하고 구원의 투구와 성령의 검 곧 하나님의 말씀을 가지라"__엡6:10-17

그렇다면 어떻게 인침을 받은 자들이 십사만 사천 명이 될까? 십사만 사천 명은 문자적인 숫자가 아닌 상징적인 수다. 십사만 사천은 12×12,000이다. 12는 완전수, 뒤의 12,000은 이스라엘 열두 지파, 즉 성도를 상징하는 숫자 12에 메시아 왕국, 하나님의 통치를 뜻하는 1000(10^3)을 곱한 수이다.[6] 그래서 십사만 사천은 하나님께서 택하신 백성의 숫자가 완전하며 아주 많다는 것을 의미한다. 이는 신, 구약을 통해 구원 얻을 전체 백성을 가리킨다. 유대인은 무한하고 끝이 없는 수를 단순히 10곱하는 것으로 나타냈다. 그리고 각 지파가 일만 이천이라는 것은 하나님의 구원하심은 차별이 없다는 것을 상징한다.[7]

셋째, 인침을 받은 자들은 능히 셀 수 없는 큰 무리다.

"이 일 후에 내가 보니 각 나라와 족속과 백성과 방언에서 아무도 능히 셀 수 없는 큰 무리가 나와 흰 옷을 입고 손에 종려 가지를 들고 보좌 앞과 어린 양 앞에 서서 큰 소리로 외쳐 이르되 구원하심이 보좌에 앉으신 우리 하나님과

---

6) 이남하 저, 「거품 빼고 보는 요한계시록」(대전: 도서출판 대장간, 2009), p.40.
7) 박수암 저, 「요한계시록」(서울: 대한기독교서회, 1998), pp.139-140.

어린 양에게 있도다 하니 모든 천사가 보좌와 장로들과 네 생물의 주위에 서 있다가 보좌 앞에 엎드려 얼굴을 대고 하나님께 경배하여 이르되 아멘 찬송과 영광과 지혜와 감사와 존귀와 권능과 힘이 우리 하나님께 세세토록 있을지어다 아멘 하더라"__계7:9-12

지상에 있는 모든 교회들은 영적 전쟁을 해야 하는 하나님의 인을 맞은 십사만 사천이다. 그런데 영적 전쟁은 끝없이 하는 것이 아니다. 정해진 시간 동안만 하게 된다. 요한은 십사만 사천의 환상을 본 후 또 다른 환상을 보았다. 그 환상은 셀 수 없이 많은 사람들이 보좌 앞에서 하나님과 어린 양을 찬양하는 것이었다. 장소가 지상에서 하나님의 보좌가 있는 하늘로 옮겨졌다. 영적 전쟁을 끝마친 지상에 있는 모든 교회 성도들은 어떻게 되는가? 그들은 흰 옷을 입고 손에 종려가지를 들고 하나님 보좌 앞에 서게 된다. 흰 옷과 종려가지는 무엇을 상징할까? 승리를 상징한다. 세상에서 영적 전쟁을 승리한 교회는 하나님과 어린 양이 계신 천국에 있게 될 것이다. 그런데 그 수는 아무도 능히 셀 수 없을 만큼 많은 사람이다. 구원받은 하나님의 백성을 십사만 사천이라는 셀 수 있는 숫자로 표현하면서도 또 다른 표현인 능히 셀 수 없는 큰 무리로 요한계시록은 말하고 있다.

넷째, 인침을 받은 자들은 세상이라는 이집트애굽를 탈출한 백성들이다. 즉 출애굽 백성이다.

"그러므로 그들이 하나님의 보좌 앞에 있고 또 그의 성전에서 밤낮 하나님을 섬기매 보좌에 앉으신 이가 그들 위에 장막을 치시리니 그들이 다시는 주리지도 아니하며 목마르지도 아니하고 해나 아무 뜨거운 기운에 상하지도 아니하리니 이는 보좌 가운데에 계신 어린 양이 그들의 목자가 되사 생명수 샘으로

인도하시고 하나님께서 그들의 눈에서 모든 눈물을 씻어 주실 것임이라"_계 7:15-17

출애굽한 이스라엘 백성들은 하나님의 보호를 받았다. 낮에는 구름 기둥, 밤에는 불기둥으로 인도하셨다. 출애굽 사건은 이스라엘 백성들에게 너무나 중요한 의미였다. 출애굽한 사람들 뿐 아니라 그 이후 세대에게도 하나님의 구원과 보호하심이라는 동일한 의미를 주었기 때문이다. 그런데 출애굽 사건은 구약시대 이스라엘 백성에게만 의미 있는 것이 아니다. 놀랍게도 출애굽 사건이 주는 영적인 교훈은 신약 성경에도 나타난다. 영적 이스라엘인 교회에게 하나님의 구원과 보호하심이라는 약속은 구약시대를 넘어 신약시대까지 계속 이어지고 있다.

사실 출애굽기를 읽으면서 과거 이스라엘 백성들에게 있었던 일이 나와 무슨 관계가 있는지 이해가 되지 않았다. 대한민국도 아닌 다른 나라 이야기이고, 홍해를 본적도 가본적도 없는데 왜 읽어야 하는지 그 이유를 알지 못했다. 그런데 내 생각에 큰 전환이 왔다. 성경 통독을 할 때다. 고린도전서를 읽고 있었다. 내 눈이 번쩍 뜨이는 일이 생겼다.

"형제들아 나는 너희가 알지 못하기를 원하지 아니하노니 우리 조상들이 다 구름 아래에 있고 바다 가운데로 지나며 모세에게 속하여 다 구름과 바다에서 세례침례를 받고 다 같은 신령한 음식을 먹으며 다 같은 신령한 음료를 마셨으니 이는 그들을 따르는 신령한 반석으로부터 마셨으매 그 반석은 곧 그리스도시라"_고전10:1-4

사도 바울은 고린도교회 성도들에게 편지를 썼다. 바울이 형제들이라고 부른 사람들은 고린도교회 성도들이다. 그 중에는 유대인도 있었을 것이다. 그런데 대부분의 사람들은 고린도에 살고 있는 이방인 신자들이었을 것이다. 이방인 그리스도인들 중에는 도대체 출애굽 사건이 자신과 무슨 상관이 있는지 궁금해 하는 사람들도 있었을 것이다. 바울은 고린도교회 성도들에게 이렇게 말했다. "형제들아 나는 너희가 알지 못하기를 원하지 아니하노니". 바울은 출애굽 사건이 주는 영적 교훈을 고린도교회 모든 성도들이 알기를 원했다. 이집트를 빠져 나온 이스라엘 백성들은 홍해 앞에 도착했다. 그들 뒤에는 바로의 군대가 쫓아왔다. 하나님의 놀라운 능력으로 이스라엘 백성들은 홍해를 건널 수 있었다. 그런데 사도 바울은 이스라엘 백성들이 홍해를 건넌 사건을 세례침례를 받은 것으로 해석했다. "여러분이 세례침례를 받는다는 것은 곧 홍해를 건너는 것과 같습니다." 나는 고린도전서 10장 말씀을 통해 출애굽 사건이 과거의 일이 아니라 오늘을 살고 있는 모든 그리스도인에게 적용된다는 것을 깨닫게 되었다.

요한계시록은 하나님 보좌 앞에 선 셀 수 없는 큰 무리를 출애굽한 이스라엘로 비유하였다. 이 말씀을 듣게 된 1세기 교회 성도들은 어떤 상황인가? 예수님을 믿는다는 이유로 고난과 핍박을 당했다. 로마황제숭배를 거절한다는 이유로 죽임을 당할 상황이었다. 로마는 과거 이스라엘을 핍박했던 이집트와 같은 나라였다. 무려 400년이라는 시간 동안 이스라엘은 이집트에서 노예로 살았다. 그들의 고통은 극에 달했다. 하나님은 그들의 목소리를 외면하는 것만 같았다. 그러나 하나님은 아브라함과 약속한 것을 결코 잊지 않으시고, 택한 백성을 구원하셨다. 마찬가지다. 로마의 압제 속에서 신앙생활을 하는 성도들에게 무슨 소망이 있었겠는가! 그런 상황 속에 있던 성도들을 하나님이 모른 척 하지 않았다. 반드시 로마라고 하는 이집트에서 벗어나게 하시고, 어린 양이신 예수님께서 목자가 되어 생명수 샘이 있는 천국으로 인도하실 것을 환상을 통해 보여주셨다. 즉 로마의 압제로부터 출애굽하게 될 소망을 보여주신 것이다. 그 곳에서 하나님은 핍박과 고난 그리고 억울함으로 힘들었던 자신의 택한 백성들의 모든 눈물을 씻어 주실 것이다. 신자가 무엇 때문에 고난과 핍박을 버틸 수 있을까? 하나님께서 말씀하시는 약속을 붙들 때, 그 소망으로 버티고 살 수 있는 것이다.

요한계시록 7장은 하나님의 택함 받은 교회의 정체성이 무엇인지 분명하게 말씀해 주고 있다. 그들은 하나님의 인 치심을 받은 자들이다. 그리고 인침을 받은 자들은 영적 전쟁에 부름 받은 하나님의 군대, 십사만 사천이다. 결국 하나님의 인침을 받은 십사만 사천은 그 모든 싸움을 마친 후 하나님의 보좌 앞에 서게 될 것이다. 그들은 하나님의 능력과 은혜로 반드시 승리자가 될 것이다. 하나님 보좌 앞에서 흰 옷과 종려가지 나무를 흔들며 승리하신 하나님과 승리케 하신 어린 양 예수님을 소리 높여 찬양 할 것이다. 왜 그럴까? 하나님의 교회는 인침을 받은 자들이면서 십사만 사천이고 또 아무도 능히 셀 수 없는 큰 무리이며 로마라고 하는 이집트(애굽)로 부터 구원을 받은 출애굽 백성이 되기 때문이다.

21 이기는 자

사역을 마치고 집으로 돌아왔다. 아파트 우편함에 신문이 꽂혀 있었다. '진리의 성읍 아름다운 신천지' 라는 제목이었다. 세칭 신천지에서 만든 것이었다. "목사 자격증은 5백만 원, 안수는 단 7일?", "신천지 성도 100명이라도 보내 줄 테니 변론하고 배우라. 신천지 평신도 말씀 수준, 개신교 목사와는 비교도 안 돼. 신천지의 평신도들은 개신교 목사와 변론을 해도 비교가 안될 만큼 수준이 높다." 이런 내용이 곳곳에 있었다. 그리고 다음과 같은 글이 있었다. "계시록에는 배도자, 멸망자, 구원자의 세 가지 존재가 한 곳에 나타나 서로 증거하는 말로 싸우는 전쟁이 있게 되고, 2차전에서 하나님이 승리하심으로 그 때부터 하나님의 나라와 구원이 있게 된다.계 12장 이긴 자에게 계시록 2, 3장에 약속하신 모든 것을 주시고 맡기신다. 이 약속을 이긴 자를 통해 받지 못하면 그 누구도 구원을 얻을 수 없다. 믿는 자는 구원받는다."

신천지 총회장 L씨는 자신을 '보혜사', '약속의 목자', '이긴 자'라고 말한다. 나는 그 중에서도 '이긴 자'에 대해 알아보기로 결심했다. 그래서 요한계시록을 읽었다. 그런데 '이긴 자'라는 말은 요한계시록에 없었다. 신천지에서 만든 말이다. 요한계시록을 가감하면 천국에 가지 못하고 지옥에 간다고 주장하는 그들이 '이기는 자 혹은 이기는 그'를 '이긴 자'로 바꾸었다. 요한계시록 2장, 3장에 일곱 교회가 나온다. 예수님은 교회들에게 말씀하셨다.

첫 번째, 에베소 교회에게 말씀하셨다.

"귀 있는 자는 성령이 교회들에게 하시는 말씀을 들을지어다 이기는 그에게는 내가 하나님의 낙원에 있는 생명나무의 열매를 주어 먹게 하리라"_계2:7

두 번째, 서머나 교회에게 말씀하셨다.

"귀 있는 자는 성령이 교회들에게 하시는 말씀을 들을지어다 이기는 자는 둘

째 사망의 해를 받지 아니하리라"__계2:11

세 번째, 버가모 교회에게 말씀하셨다.

"귀 있는 자는 성령이 교회들에게 하시는 말씀을 들을지어다 이기는 그에게는 내가 감추었던 만나를 주고 또 흰 돌을 줄 터인데 그 돌 위에 새 이름을 기록한 것이 있나니 받는 자 밖에는 그 이름을 알 사람이 없느니라"__계2:17

네 번째, 두아디라 교회에게 말씀하셨다.

"이기는 자와 끝까지 내 일을 지키는 그에게 만국을 다스리는 권세를 주리니 그가 철장을 가지고 그들을 다스려 질그릇 깨뜨리는 것과 같이 하리라 나도 내 아버지께 받은 것이 그러하니라"__계2:26-27

다섯 번째, 사데 교회에게 말씀하셨다.

"이기는 자는 이와 같이 흰 옷을 입을 것이요 내가 그 이름을 생명책에서 결코 지우지 아니하고 그 이름을 내 아버지 앞과 그의 천사들 앞에서 시인하리라"__계3:5

여섯 번째, 빌라델비아 교회에게 말씀하셨다.

"이기는 자는 내 하나님 성전에 기둥이 되게 하리니 그가 결코 다시 나가지 아니하리라 내가 하나님의 이름과 하나님의 성 곧 하늘에서 내 하나님께로부터 내려오는 새 예루살렘의 이름과 나의 새 이름을 그이 위에 기록하리라"__계3:12

일곱 번째, 라오디게아 교회에게 말씀하셨다.

"이기는 그에게는 내가 내 보좌에 함께 앉게 하여 주기를 내가 이기고 아버지 보좌에 함께 앉은 것과 같이 하리라"__계3:21

요한계시록 21장은 이기는 자들이 누리게 될 약속을 종합해서 말하고 있다.

"또 내게 말씀하시되 이루었도다 나는 알파와 오메가요 처음과 마지막이라 내가 생명수 샘물을 목마른 자에게 값없이 주리니 이기는 자는 이것들을 상속으로 받으리라 나는 그의 하나님이 되고 그는 내 아들이 되리라"__계21:6-7

예수님은 교회들에게 말씀하셨다. "이기는 자가 되라". 그렇다면 예수님은 왜 교회들에게 '이기는 자'가 되라고 말씀하셨을까? 요한계시록은 지상에 있는 모든 교회가 영적 전쟁을 치러야 하는 교회로 설명하고 있다. 그리고 교회를 대적하는 대상에 대해서도 분명하게 말하고 있다. 그것은 마귀, 짐승 그리고 음녀다. 지상에 있는 모든 교회들의 영적 싸움은 아직 끝나지 않았다. 그래서 '이긴 자'가 아니라 '이기는 자'로 표현한 것이다. 사도 바울은 교회를 운동선수로 비유했다. 지상에 있는 모든 교회 성도들은 마지막 목표점을 향해 달려야 할 사명을 갖고 있는 것이다.

"형제들아 나는 아직 내가 잡은 줄로 여기지 아니하고 오직 한일 즉 뒤에 있는 것은 잊어버리고 앞에 있는 것을 잡으려고 푯대를 향하여 그리스도 예수 안에서 하나님이 위에서 부르신 부름의 상을 위하여 달려가노라"__빌3:13-14

그렇다면 요한계시록에서 말하는 진정한 '이긴 자'는 누구일까? 정말 세칭 신천지 총회장 L씨가 '이긴 자'일까? 말도 안 되는 소리다. 요한계시록은 진정한 승리자에 대해 말씀하고 있을까? 그렇다. 요한계시록은 명확하게 '이긴 자'가 누구인지 말씀하고 있다.

> "이기는 그에게는 내가 내 보좌에 함께 앉게 하여 주기를 내가 이기고 아버지 보좌에 함께 앉은 것과 같이 하리라"__계3:21

> "장로 중의 한 사람이 내게 말하되 울지 말라 유대 지파의 사자 다윗의 뿌리가 이겼으니 그 두루마리와 그 일곱 인을 떼시리라 하더라"__계5:5

"내가 이기고", "유대 지파의 사자 다윗의 뿌리가 이겼으니"는 누구를 말하는 것일까? 바로 우리를 구원하신 어린 양 예수님이다. '이긴 자'는 신천지 L씨가 아니라 예수님이다. 그런데 요한계시록을 자세히 보면 '이긴 자'이신 예수님 뿐 아니라 '이긴 자들'이 있음을 알게 된다. 그들은 누구일까?

> "내가 또 들으니 하늘에 큰 음성이 있어 이르되 이제 우리 하나님의 구원과 능력과 나라와 또 그의 그리스도의 권세가 나타났으니 우리 형제들을 참소하던 자 곧 우리 하나님 앞에서 밤낮 참소하던 자가 쫓겨났고 또 우리 형제들이 어린 양의 피와 자기들이 증언하는 말씀으로써 그를 이겼으니 그들은 죽기까지 자기들의 생명을 아끼지 아니하였도다 그러므로 하늘과 그 가운데에 거하는 자들은 즐거워하라 그러나 땅과 바다는 화 있을진저 이는 마귀가 자기의 때가 얼마 남지 않은 줄을 알므로 크게 분내어 너희에게 내려갔음이라"__계12:10-12

요한계시록은 분명하게 말씀하고 있다. '이긴 자들'은 누구인가? 바로 어린 양이신 예수님의 복음을 증언하던 형제들이다. 즉 로마제국이 예수님을 믿는다는 이유로 교회를 핍박함에도 불구하고 믿음을 끝까지 져버리지 않고, 함께 신앙을 지켰던 교회 형제, 자매들이다. 그런데 그들은 누구를 이겼는가? 형제들을 참소하던 자 곧 마귀를 이겼다. 그렇다면 형제들은 어떤 삶을 살았는가? 그들은 죽기까지 자기들의 생명을 아끼지 않고 인내하면서 충성한 사람들이다. 복음을 위해 순교와 순교자적 삶을 살다가 이 세상을 떠나 하나님 보좌 앞에 서 있는 성도들이다. 그들은 지상에 있을 때 영적 전쟁을 싸우던 주님의 용사들이었고, 지금은 하나님의 나라에서 승리한 주님의 백성으로 하나님 보좌 앞에 서 있는 사람들이다.

요한계시록은 교회의 양면성을 보여준다. 교회는 무엇인가? 지상에 있는 교회는 영적 전쟁을 싸워 '이기는 자', '이겨야 하는 자'이고, 이 세상에서 모든 선한 싸움을 싸우고 하나님 나라에 올라간 성도들은 '이긴 자들', '승리한 교회'가 되는 것이다. 바로 요한계시록은 영적 전쟁을 하는 교회와 승리한 교회에 대해 말해 주고 있다. 신천지 총회장 L씨를 비롯한 많은 사람들이 자신을 '이긴 자'라고 주장하지만 그것을 뒷받침 할 수 있는 하나님의 말씀은 성경 그 어디에도 존재하지 않는다. 영원히 죽지 않고 영생할 것이라고 말하면서 수많은 사람들을 미혹하는 그들은 결코 '이긴 자'가 될 수 없다. 결국 그들도 하나님이 주신 생명이 다하면 하나님 보좌 앞에 서게 될 것이다. 그 다음은 어떻게 될까? 그들이 행한 대로 하나님으로부터 심판을 받게 될 것이다. 이것이 그들이 그렇게 왜곡시키는 말씀, 요한계시록이 우리에게 가르쳐주는 분명한 교훈이다.

22 두 증인

　나는 그 날을 잊지 못한다. 대학 4학년, 졸업을 얼마 남겨 두지 않을 때였다. 커피숍에서 후배들과 차를 마시고 있었다. 잠시 후, 친구 세영이가 들어왔다. 세영이는 대학 1학년 때 선교회에서 만난 친구다. 겨울수련회 특강하러 왔던 현대종교 탁지원 소장님을 거친 말로 비판했다. "이유가 있으니까 저렇게 비판하겠지."라고 속으로 생각했다. 그리고 나를 보고 말했다. "우리 선교회는 말씀이 약해. 말씀을 제대로 공부 좀 해. 너 요한계시록에 나오는 두 증인, 두 감람나무, 두 촛대가 뭔지 알아?" 나는 세영이의 질문에 멋쩍은 웃음만 지었다. 솔직히 두 증인, 두 감람나무, 두 촛대가 무엇인지 몰랐다. 기분이 좋지 않았다. 나중에 알게 된 사실은 세영이가 신천지에서 성경공부를 한다는 것이었다. 그날 이후로 세영이를 만나지 못했다. 그러나 내게 했던 질문은 생생하게 남아 있었다.

　하루는 책상 앞에 앉아 곰곰이 생각했다. "두 증인, 두 감람나무, 두 촛대 그리고 요한계시록이 누구의 것인가? 이단이 특허 낸 건가? 그건 아니다. 하나님께서 교회에 주신 말씀이다. 그렇다면 요한계시록에서 말하는 두 증인이 무엇인지 연구해서 알아봐야겠다." 그래서 요한계시록과 관련된 책을 구입했다. 이동원 목사님의 『마지막 계시-마지막 책임』, 『마지막 싸움-마지막 승리』, 김서택 목사님의 『일곱 교회에 보내는 편지』, 『하나님의 구원역사』, 『새 하늘과 새 땅』, 박수암 교수님의 『요한계시록』, 권성수 목사님의 『요한계시록』, 김상복 목사님의 『요한계시록 강해』, 이필찬 교수님의 『요한계시록 어떻게 읽을 것인가』를 구입했다. 그리고 눈에 불을 켜고 읽었다. 한 쪽에 요한계시록을 펼쳐 놓고 온 힘을 다해 읽었다. 그리고 요한계시록의 두 증인이 무엇을 상징하는지 알게 되었다. 만약 그 때 내가 두 증인이 누구인지 알기 위해 세영이를 따라갔다면 이단에서 헤어 나오지 못했을 것이다. 이제 두 증인에 대해 살펴보겠다. 요한계시록 11장에 두 증인이 나온다.

> "내가 나의 두 증인에게 권세를 주리니 그들이 굵은 베옷을 입고 천 이백 육십 일을 예언하리라 그들은 이 땅의 주 앞에 서 있는 두 감람나무와 두 촛대니 만일 누구든지 그들을 해하고자 하면 그들의 입에서 불이 나와서 그들의 원수를 삼켜 버릴 것이요 누구든지 그들을 해하고자 하면 반드시 그와 같이 죽임을 당하리라 그들이 권능을 가지고 하늘을 닫아 그 예언을 하는 날 동안 비가 오지 못하게 하고 또 권능을 가지고 물을 피로 변하게 하고 아무 때든지 원하는 대로 여러 가지 재앙으로 땅을 치리로다"__계11:3-6

두 증인이 구체적으로 누구인지 말하고 있지 않다. 그러나 두 증인 중 한 명은 권능을 가지고 하늘을 닫아 그 예언하는 날 동안 비가 오지 못하게 하였다. 누구일까? 그는 선지자 엘리야다.

> "길르앗에 우거하는 자 중에 디셉 사람 엘리야가 아합에게 말하되 내가 섬기는 이스라엘의 하나님 여호와께서 살아 계심을 두고 맹세하노니 내 말이 없으면 수 년 동안 비도 이슬도 있지 아니하리라 하니라"__왕상17:1

두 증인의 나머지 한 사람은 권능을 가지고 물을 피로 변하게 하고 아무 때든지 원하는 대로 여러 가지 재앙으로 땅을 친 사람이었다. 누구일까? 그는 모세다.

> "모세와 아론이 여호와께서 명하신 대로 행하여 바로와 그의 신하의 목전에서 지팡이를 들어 나일 강을 치니 그 물이 다 피로 변하고"__출7:20

두 증인은 모세와 엘리야를 말한다. 그렇다면 역사 속에 언젠가는 모세와 엘리야가 다시 나타나게 되는 것일까? 결론적으로 말하면 그런 의미가 아니다. 두 증인의 의미를 파악하기에 앞서 왜 하필이면 모세와 엘리야인가? 구약성경에 위대한 인물이 얼마나 많은가! 노아, 아브라함, 이삭, 야곱, 요셉, 사무엘, 다윗, 이사야, 예레미야, 다니엘 등 신앙의 위대한 인물들이 많다. 그런데 왜 두 증인이 모세와 엘리야일까? 그 이유는 모세와 엘리야가 갖는 상징적 의미가 있기 때문이다. 모세는 어떤 상징적 의미를 가지고 있을까? 모세는 하나님의 율법을 받은 자다. 즉 하나님의 말씀을 받은 자로서 이스라엘에 십계명과 율법을 가르친 사람이다. 그는 하나님의 말씀으로 대표되는 인물이었다. 또 엘리야의 상징적 의미는 무엇일까? 그는 하나님의 권능을 상징하는 선지자였다. 선지자 엘리야는 450명이나 되는 바알 선지자들과 영적 대결을 해서 승리하였다.

> "여호와여 내게 응답하옵소서 내게 응답하옵소서 이 백성에게 주 여호와는 하나님이신 것과 주는 그들의 마음을 되돌이키심을 알게 하옵소서 하매 이에 여호와의 불이 내려서 번제물과 나무와 돌과 흙을 태우고 또 도랑의 물을 핥은지라"__왕상18:37-38

그런데 구약의 두 인물 모세와 엘리야가 신약성경에 다시 나타난다.

"엿새 후에 예수께서 베드로와 야고보와 요한을 데리시고 따로 높은 산에 올라가셨더니 그들 앞에서 변형되사 그 옷이 광채가 나며 세상에서 빨래하는 자가 그렇게 희게 할 수 없을 만큼 매우 희어졌더라 이에 엘리야가 모세와 함께 그들에게 나타나 예수와 더불어 말하거늘 베드로가 예수께 고하되 랍비여 우리가 여기 있는 것이 좋사오니 우리가 초막 셋을 짓되 하나는 주를 위하여, 하나는 모세를 위하여, 하나는 엘리야를 위하여 하사이다 하니 이는 그들이 몹시 무서워하므로 그가 무슨 말을 할지 알지 못함이더라 마침 구름이 와서 그들을 덮으며 구름 속에서 소리가 나되 이는 내 사랑하는 아들이니 너희는 그의 말을 들으라 하는지라 문득 둘러보니 아무도 보이지 아니하고 오직 예수와 자기들뿐이었더라"_막9:2-8

제자 세 사람은 자신들의 눈을 의심할 만큼 놀라운 광경을 목격하였다. 일명 변화산 사건을 경험했다. 구약시대의 말씀과 능력으로 대표되는 모세와 엘리야를 예수님께서 만났다. 그리고 모세와 엘리야는 사라지고 예수님과 세 명의 제자들만 남았다. "아무도 보이지 아니하고 오직 예수와 자기들뿐이더라". 제자들은 너무 황홀해서 산을 내려가기 싫었다. 그 곳에 집을 짓고 영원히 살고 싶었다. 특별히 베드로는 더욱 그랬다. 사도 베드로는 노인이 되어서도 변화산 사건을 잊을 수 없었다. 그는 로마교회에 편지를 썼다. 그리고 변화산의 경험을 이렇게 말했다.

"우리 주 예수 그리스도의 능력과 강림하심을 너희에게 알게 한 것이 교묘히 만든 이야기를 따른 것이 아니요 우리는 그의 크신 위엄을 친히 본 자라 지극히 큰 영광 중에서 이러한 소리가 그에게 나기를 이는 내 사랑하는 아들이요 내 기뻐하는 자라 하실 때에 그가 하나님 아버지께 존귀와 영광을 받으셨느니

> 라 이 소리는 우리가 그와 함께 거룩한 산에 있을 때에 하늘로부터 난 것을 들은 것이라"_벧후1:16-18

베드로 뿐 아니라 요한계시록을 기록한 예수님의 제자 요한은 변화산 사건을 통해 예수님이 누구신지 확실하게 알았다. 예수님은 우리의 주인이시며, 그리스도라는 것을 깨닫게 되었다. 예수님께서 이 세상에 계실 때 하나님의 증인으로 어떤 사역을 하셨는가? 예수님의 사역은 하나님의 말씀을 선포하는 일이었다. 또한 하나님의 능력을 행하시는 사역이었다. 모세와 엘리야가 행한 모든 것이 예수님께 속해 있었다. 이제 문제는 예수님의 사역을 누가 계승 하느냐는 것이었다. 그렇다면 예수님께서 모세와 엘리야를 만나서 무슨 대화를 했을까?

> "문득 두 사람이 예수와 함께 말하니 이는 모세와 엘리야라 영광중에 나타나서 장차 예수께서 예루살렘에서 별세하실 것을 말할새"_눅9:30-31

별세를 말씀하셨다. 별세가 무엇인가? 세상을 이별하는 것이다. 즉 죽음이다. 예수님은 곧 십자가에서 죽으실 것을 알고 계셨다. 그리고 제자들을 떠나게 될 것도 알았다. 문제는 예수님의 사역을 누가 계승하고 감당하느냐는 문제가 남은 것이다. 예수님의 대안은 분명했다. 제자들이었다. 제자들을 통해 하나님의 사역을 계속 이어가길 원하셨다. 제자들이 감당해야 할 사역이 무엇인가? 하나님의 말씀을 선포하고, 하나님의 능력을 세상 가운데 행하는 것이다. 부활하신 예수님은 승천하시기 전 제자들에게 말씀하셨다.

"사도와 함께 모이사 그들에게 분부하여 이르시되 예루살렘을 떠나지 말고 내게서 들은 바 아버지께서 약속하신 것을 기다리라 요한은 물로 세례(침례)를 베풀었으나 너희는 몇 날이 못 되어 성령으로 세례(침례)를 받으리라 하셨느니라 그들이 모였을 대에 예수께 여쭈어 이르되 주께서 이스라엘 나라를 회복하심이 이 때니이까 하니 이르시되 때와 시기는 아버지께서 자기의 권한에 두셨으니 너희가 알 바 아니요 오직 성령이 너희에게 임하시면 너희가 권능을 받고 예루살렘과 온 유대와 사마리아와 땅 끝까지 이르러 내 증인이 되리라 하시니라"__행1:4-8

무능했던 제자들이 어떻게 변화되었는가? 성령의 능력으로 담대하게 복음을 전하며, 하나님의 능력을 행하였다. 사도행전은 이것을 증언하고 있다. 예수님의 제자들은 복음을 전하기만 했을까? 그렇지 않다. 그들은 교회를 세웠다. 안디옥, 빌립보, 고린도, 에베소, 갈라디아 등 각 지역마다 교회와 교회 지도자를 세웠다. 왜 그랬을까? 이유는 간단하다. 예수님의 사역을 계승하고 확장시키기 위해서였다. 복음을 선포하고, 하나님의 권능을 나타내기 위해 교회가 세워졌다. 그렇다면 요한계시록에서 말하는 두 증인은 누구인가?

"내가 나의 두 증인에게 권세를 주리니 저희가 굵은 베옷을 입고 천 이백 육십 일을 예언하리라"__계11:3

요한계시록에서 말하는 두 증인은 교회를 상징한다. 그것도 고난 가운데 있는 교회다. '굵은 베옷을 입는다'는 것은 고난당하는 모습을 나타낸다. 왜 지상에 있는 교회가 고난 가운데 있다고 말하는 것일까? 이 땅에 있는 모든 교회는 진리를 위하여 영적 전쟁을 싸워야 하기 때문이다. 예수님은 영적 전쟁 가운데 있는 교회에게 두 가지를 맡겨 주셨다. 하나는 하나님의 신실한 말씀, 다른 하나는 하나님의 권능을 어린 양 예수 그리스도의 피 값으로 사신 교회에게 맡겨 주신 것이다.

23 육백 육십 육

1988년 서울 올림픽을 앞두고 있던 우리나라는 1986년 제 10회 아시안게임을 개최하였다. 고등학생이었던 나는 학생부 예배를 드리기 위해 교회를 갔다. 전도사님은 학생들에게 이렇게 말했다. "지금 아시안게임이 열리고 있다. 그런데 요한계시록에 나오는 육백 육십 육이 아시안게임 심볼 안에 있다." 전도사님의 말을 듣고 아시안게임 포스터를 봤다. 정말 심볼이 육백 육십 육 같았다. 그래서 이렇게 생각했다. "아시안게임 배후에는 마귀가 숨어 있구나. 경기를 보면서 흥분하는 것은 마귀에게 속는 것이다." 지금 생각하니 웃음만 나온다. 그러나 그 때는 매우 심각했다. 아침에 세수를 할 때마다 이상한 행동을 했다. 타올로 손과 이마를 세게 밀었다. 혹시 마귀가 육백 육십 육을 내 손과 이마에 찍지는 않았을까라는 생각 때문이었다. 지나가는 버스의 번호가 666이면 마귀에게 속한 버스라고 생각했다. 6자만 보면 신경이 거슬렸다.

평택 N교회의 초청을 받고 강의를 하기 위해 갔다. 강 전도사님은 내게 말했다. "목사님, 저희 N교회가 얼마 전 어려움을 당했습니다. 교회 성도들의 약 60%가 교회를 나갔습니다. 이유는 666은 마이크로칩베리칩이고, 2012년에 종말이 온다고 하면서 교회를 떠났습니다." 일본 단기선교 기간 중 오사카 L교회에서 사역을 하였다. 예배당에 소책자가 있었다. 『마지막 기회』라는 제목의 소책자였다. 표지에 표는 제2의 선악과라고 쓰여 있었다. 심상치 않았다. 내용은 간단했다. 성경에서 말하는 666 짐승의 표는 마이크로칩일명 베리칩인데, 666 짐승의 표를 알리는 예표들로는 바코드, 신용카드, 컴퓨터 등이라고 저자는 말하고 있었다. 사실 청소년 시절 부흥회에 참석하면 강사 목사님은 육백 육십 육이 바코드라고 말했다. 그리고 짐승의 열 뿔, 일곱 머리는 유럽 통합 공동체EU라고 가르쳤다. 목사님의 말씀을 하나님의 말씀으로 믿었던 나는 그대로 믿었다. 그런데 바코드가 진화해서 마이크로칩이 육백 육십 육이라고 주장하는 사람이 있다고 생각하니 이런 생각이 들었다. "조금만 시간이 더 흘러가라. 그러면 마이크로칩은 모형이고, 새로운 그 무엇이 육백 육십 육이라고 말할 것이다."

세칭 신천지는 목사님들이 안수 받는 것을 짐승의 표, 육백 육십 육을 받는 행위라고 주장한다. 그리고 그렇게 짐승의 표를 받은 거짓 목자들의 설교를 듣는 것 역시 짐승의 표를 받는 것이라고 말한다. 이렇게 정통교회 목사님들을 비방하는 그들은 요한계시록에서 말하는 '진노의 포도주'를 목사님들의 설교라고 가르친다.

> "또 다른 천사 곧 둘째가 그 뒤를 따라 말하되 무너졌도다 무너졌도다 큰 성 바벨론이여 모든 나라에게 그의 음행으로 말미암아 진노의 포도주를 먹이던 자로다 하더라"_계14:8

그래서 목사님들의 설교를 듣지 못하게 한다. 특별히 신천지에 빠진 사람들이 이단상담소를 찾아 상담 받는 것을 경계한다. 또 인터넷을 열어 자신들을 비방하는 글과 영상을 보는 것 역시 해서는 안 되는 일이라고 신도들에게 가르치고 있다. 이렇게 상담을 받고 인터넷을 보는 행위를 선악과를 따먹는 것이라고 말하고 있다. 그들의 인터넷 동영상 강좌를 보면 '생명나무와 선악나무' 라는 제목으로 강의를 하고 있다. 강사는 사회자에게 질문을 한다.

"생명나무는 누가 만들었을까요?"

"하나님이 만드셨습니다."

"그렇다면 선악나무는 누가 만들었을까요?"

"그것도 하나님이 만드시지 않았나요?"

"아닙니다. 선악나무는 마귀가 만든 것입니다."

그리고 생명나무와 선악나무는 비유라고 하면서 이상한 해석을 한다.

> "여호와 하나님이 동방의 에덴에 동산을 창설하시고 그 지으신 사람을 거기 두시니라 여호와 하나님이 그 땅에서 보기에 아름답고 먹기에 좋은 나무가 나게 하시니 동산 가운데에는 생명나무와 선악을 알게 하는 나무도 있더라"_창2:8-9

생명나무는 '하나님과 하나님의 목자들의 말씀' 을 상징하는 것이고, 선악나무는 '마귀와 마귀의 목자들의 말' 이라고 신도들에게 가르친다. 그래서 생명나무는 자연스럽게 신천지 집단이 되는 것이고, 정통교회는 선악나무가 된다는 궤변을 늘어놓는다. 그러나 정통교회는 에덴동산의 모든 동물과 식물은 하나님께서 만드셨다고 믿고 가르친다. 그리고 당연히 생명나무와 선악나무는 하나님께서 에덴동산에 만드신 것으로 믿는다.

육백 육십 육에 대한 오해는 요한계시록을 미래에 대한 예언으로 생각한 사람들 때문 일 것이다. 이 숫자를 자신들의 경험 안에 있는 역사적 인물과 동일화시키려는 노력을 해왔다. 교황, 히틀러, 스탈린, 호메이니, 사담 후세인을 육백 육십 육, 짐승이라고 말했다. 심지어 미국의 대통령 레이건이라고 주장하는 사람들도 있었다. 왜냐하면 이름이 Ronald Wilson Reagon이 각각 6개의 문자로 이루어져 있기 때문이다. 그런가하면 어떤 사람들은 육백 육십 육을 컴퓨터, 신용카드, 세계 통일화폐, 바코드로 해석하기도 했다. 그러나 이러한 주장들은 요한계시록의 역사적 배경을 전혀 고려하지 않은 억지 해석에 불과하다.[7]

> "그가 모든 자 곧 작은 자나 큰 자나 부자나 가난한 자나 자유인이나 종들에게 그 오른손에나 이마에 표를 받게 하고 누구든지 이 표를 가진 자 외에는 매매를 못하게 하니 이 표는 곧 짐승의 이름이나 그 이름의 수라 지혜가 여기 있으니 총명한 자는 그 짐승의 수를 세어 보라 그것은 사람의 수니 그의 수는 육백 육십 육이니라"__계13:16-18

요한계시록에서 하나님의 완전하심을 나타낼 때 숫자 일곱을 사용했다. 반면 짐승, 사람을 나타낼 때는 숫자 육으로 표현했다. 짐승의 표, 육백 육십 육을 받는 세상 사람들은 누구인가? 그들은 짐승의 우상에 경배하는 자들이었다. 작은 자, 큰 자, 부자, 가난한 자, 자유인 그리고 종들. 모두 여섯 부류의 사람들이다. 하나님과 상관없는 세상 사람들을 표현 할 때 숫자 육을 사용한 것이다. 그렇다면 짐승의 수, 육백 육십 육은 무엇인가?

1세기 성도들은 로마의 지배 속에서 신앙생활을 했다. 각 도시는

---

7) 이광진 저, 「요한계시록」(대전: 도서출판 대장간, 2012), p. 425.

로마 황제에게 잘 보이기 위해 각축전을 벌였다. 과도한 충성이 결국 황제를 신으로 추대하여 황제 신전을 만들고 그곳에서 예배를 드렸다. 기원전 195년 서머나 시민들은 로마에 감사한다는 의미에서 '로마여신'의 신전을 세웠고, 기원전 29년 버가모에서는 최초로 황제를 위한 신전건립을 하였다. 그러다가 제 2의 네로황제로 불리는 도미티안 황제 때 황제예배가 본격적으로 실시되었다. 약화된 로마제국의 질서와 통일을 황제예배 실시를 통해 강화하려 했다. 다른 종교를 가지고 있는 사람들에게도 강요했다. 거역하는 자는 재산이 몰수되고 반역자로 취급되어 사형에 처해졌다. 당연히 교회는 박해에 직면하게 되었다. 황제예배에 참석하는 자에게는 참가 확인서를 주었다. 그것이 없이는 사회적, 경제적 활동을 할 수 없었다. 이 일의 장본인은 제2의 네로로 불리던 황제 도미티안이었다.[9] 네로 가이사의 헬라어 이름을 히브리 알파벳에 해당하는 수를 더하면 육백 육십 육이 나온다. 이러한 해독법을 게마트리아gematria라고 하는데 1세기 당시 대부분의 사람들은 그들이 사용하는 알파벳으로 숫자를 표기했다. 이와 같이 글자가 수를 나타내고, 사람들은 저마다 숫자를 포함한 이름을 갖고 있었다. 이러한 이름과 숫자 체계를 게마트리아라고 부른다.[10] 요한계시록에서 말하는 육백 육십 육, 짐승은 당시 예수님과 교회를 대적하는 세력, 로마제국의 도미티안 황제를 가리킨다.

---

9) 박수암 저, 「요한계시록」(서울: 대한기독서회, 1998), pp. 219-220.
10) 이광진 저, 「요한계시록」(대전: 도서출판 대장간, 2012), p. 425.

24 바벨론

　기독교 텔레비전에 N목사님이 나와서 요한계시록 특강을 했다. 목사님은 청중들에게 바벨론이 무엇인지 아느냐고 질문했다. 이 시대의 바벨론은 미국이라고 말했다. 나름대로 여러 가지 근거를 들어가면서 미국을 바벨론이라고 말했지만 공감하기 어려웠다. 세칭 신천지는 바벨론을 정통교회라고 말한다. 그러면 자신들은 무엇인가? 당연히 시온이다. 그래서 바벨론의 거짓 목자들에게 잡혀있는 형제들을 구출해야 한다고 말한다. 그래서 정통교회에 위장 침투해서 추수꾼이라는 전도 활동을 한다. 정통교회 신자들을 빼내어 가기 위해서 거짓말도 서슴없이 사용한다. 그러나 그들은 이것을 거짓말이 아닌 모략謀略이라고 부른다. 신천지는 이름만 건전하다. 그러나 그들이 하는 행위는 거짓과 불의로 가득 차 있다. 요한계시록에서 말하는 시온은 구원의 상징인 반면, 바벨론은 멸망과 심판의 상징이다.

> "또 내가 보니 보라 어린 양이 시온 산에 섰고 그와 함께 십사만 사천이 서 있는데 그들의 이마에는 어린 양의 이름과 그 아버지의 이름을 쓴 것이 있더라"__계14:1

　그렇다면 요한계시록에서 말하는 바벨론은 어떤 나라인지 살펴보도록 하겠다.

> "힘찬 음성으로 외쳐 이르되 무너졌도다 무너졌도다 큰 성 바벨론이여 귀신의 처소와 각종 더러운 영이 모이는 곳과 각종 더럽고 가증한 새들이 모이는 곳이 되었도다"__계18:2

> "그의 고통을 무서워하여 멀리 서서 이르되 화 있도다 화 있도다 큰 성, 견고한 성 바벨론이여 한 시간에 네 심판이 이르렀다 하리로다"__계18:10

바벨론은 어떤 나라인가? 지금의 중동지역 이라크가 있는 곳에 고대국가 바벨론이 있었다. 그들은 앗수르를 제압하고 이스라엘 남 유다를 멸망시킨 나라였다. 승리한 바벨론은 유다에게 어떤 일을 행했을까? 상식적인 수준에서 생각할 수 있다. 남 유다 사람들을 포로로 끌고 갔다. 왜 그랬을까? 노예로 부리기 위해서다. 바벨론은 남 유다에게 또 하나의 고통을 안겨 주었다. 바로 하나님의 성전을 파괴하였다. 이 성전은 솔로몬 때 지어진 것이었다. 그래서 솔로몬 성전이라고 불렀다. 바벨론은 성전을 모두 파괴하고, 성전에서 사용하던 각종 아름다운 기물들을 전리품으로 가지고 갔다. 그리고 그것을 전쟁에서 승리케 한 자신들의 신을 모신 신전에 바쳤다. 바벨론의 신이 이스라엘의 신을 이겼다는 상징적인 행위였다. 이스라엘 사람들은 70년 동안 바벨론 포로로 살았다. 그 후 바벨론이 멸망하면서 이스라엘 백성은 해방을 맞이했다. 그렇다면 구약성경에 나오는 바벨론이 신약성경 요한계시록에서는 어떤 나라를 지칭하는 것일까? 요한계시록에서 말하는 바벨론은 로마제국을 상징한다. 사도 베드로는 로마 교회에게 편지를 보낼 때 바벨론이라는 표현을 사용했다.

> "택하심을 함께 받은 바벨론에 있는 교회가 너희에게 문안하고 내 아들 마가도 그리하느니라"__벧전5:13

초대교회 때 바벨론은 로마제국을 상징하는 표현으로 사용되고 있었다. 고대 바벨론과 로마제국 사이에는 공통점이 있었기 때문이다.

유대인들은 로마제국을 상대로 반란 전쟁을 일으켰다. 티투스Titus Flavius Vespasianus 장군은 70년 봄에 예루살렘을 포위했다. 그리고 같은 해 8월 5일, 예루살렘은 로마군에 의해서 함락되었다. 학살은 정해진 수순이었고 살아남은 사람들은 노예로 팔려갔다. 예루살렘은 완전히 폐허가 되었고, 예루살렘 성전은 불에 타서 무너져 내렸다. 오직 성전의 서쪽 벽만 남았다. 오늘날 이스라엘 사람들이 통곡의 벽이라고 부르는 게 바로 그곳이다.10) 로마는 바벨론과 똑같이 하나님의 성전을 파괴한 세력이었다. 또한 그 당시의 많은 우상숭배, 특히 황제숭배를 강요함으로 우상숭배의 근원지가 되었다. 황제에게 예배를 드릴 수 없었던 초대교회 성도들은 죽음을 각오하고 신앙생활을 했다. 그러나 그들은 두려움 속에서 살 수 밖에 없었다. 도저히 이 세상에서는 그 어떤 소망도 바라 볼 수 없었다. 위기와 두려움은 더 해가고 많은 성도들은 배교하는 일까지 발생했다. 그 때 예수님은 요한에게 계시의 말씀을 주셨다. 로마라고 하는 바벨론이 너무 막강하고, 그들의 핍박과 위협은 거대하지만 결국에는 하나님의 심판으로 멸망하게 될 것을 알려 주셨다. 마치 구약시대의 바벨론처럼 끝나게 될 것이다. 그리고 이스라엘이 해방을 얻은 것처럼 신실한 하나님의 교회는 새 하늘과 새 땅에서 영원토록 하나님의 거룩한 성에서 살게 될 것을 약속하셨다. 그래서 요한계시록에서 말하는 바벨론은 일차적으로 교회를 핍박했던 로마제국을 상징한다. 더 넓게는 하나님의 교회를 핍박하고 대적하는 세력을 뜻한다고 말할 수 있다.

---

10) 유재덕 저, 「거침없이 빠져드는 기독교 역사」(서울: 도서출판 브니엘, 2008), p. 27.

25 노래

요한계시록에는 노래가 나온다. 모세의 노래, 어린 양의 노래 그리고 새 노래가 있다. 세칭 신천지에서는 이 노래들이 무엇을 비유하고 있는지 아느냐고 신자들에게 질문한다. "계시록을 가감加減하면 천국에 가지 못하고 지옥 간다.계22:18-19 가감했는지 안 했는지 자신에게 물어보라! 신약의 계시 말씀 새 노래계14:1-5를 아는가? 배워 깨달아 천민天民이 되자." 결국 이들의 해석은 다음과 같다. 모세의 노래는 구약, 어린 양의 노래는 신약을 말한다고 주장한다. 그렇다면 신천지에서 말하는 새 노래는 무엇일까? 바로 요한계시록을 뜻한다고 말한다. 그런데 그들은 구약시대, 신약시대 그리고 계시록시대로 성경의 역사를 구분한다. 그리고 지금은 계시록시대이기 때문에 새 노래인 요한계시록을 알아야 구원 얻을 수 있다고 말하는 것이다. 그렇다면 정말 그들이 주장하는 것이 옳은 것일까? 결론부터 말한다. 그들의 주장은 옳지 않다. 그렇다면 요한계시록에 나오는 모세의 노래, 어린 양의 노래 그리고 새 노래가 무엇인지 살펴보도록 하겠다.

"또 내가 보니 불이 섞인 유리 바다 같은 것이 있고 짐승과 그의 우상과 그의 이름의 수를 이기고 벗어난 자들이 유리 바다 가에 서서 하나님의 거문고를 가지고 하나님의 종 모세의 노래, 어린 양의 노래를 불러 이르되 주 하나님 곧 전능하신 이시여 하시는 일이 크고 놀라우시도다 만국의 왕이시여 주의 길이 의롭고 참되시도다 주여 누가 주의 이름을 두려워하지 아니하며 영화롭게 하지 아니하오리이까 오직 주만 거룩하시니이다 주의 의로우신 일이 나타났으매 만국이 와서 주께 경배하리이다 하더라"__계15:2-4

모세의 노래는 구약이고, 어린 양의 노래는 신약인가? 그렇지 않다. 요한계시록 15장 3절과 4절을 보면 모세의 노래와 어린 양의 노래가 무엇인지 알 수 있다. 놀라운 일을 행하신 하나님을 찬양하는 노래다. 그렇다면 놀라운 일이란 무엇일까? 출애굽기 15장에는 모세의 노래와 미리암의 노래가 있다. 모세의 노래가 무엇인가?

"이 때에 모세와 이스라엘 자손이 이 노래로 여호와께 노래하니 일렀으되 내가 여호와를 찬송하리니 그는 높고 영화로우심이요 말과 그 탄 자를 바다에 던지셨음이로다 여호와은 나의 힘이요 노래시며 나의 구원이시로다 그는 나의 하나님이시니 내가 그를 찬송할 것이요 내 아버지의 하나님이시니 내가 그를 높이리로다 여호와는 용사시니 여호와는 그의 이름이시로다 그가 바로의 병거와 그의 군대를 바다에 던지시니 최고의 지휘관들이 홍해에 잠겼고 깊은 물이 그들을 덮으니 그들이 돌처럼 깊음 속에 가라 앉았도다 여호와여 주의 오른손이 권능으로 영광을 나타내시니이다 여호와여 주의 오른손이 원수를 부수시니이다 주께서 주의 큰 위엄으로 주를 거스르는 자를 엎으시니이다 주께서 진노를 발하시니 그 진노가 그들을 지푸라기 같이 사르니이다 주의 콧김에 물이 쌓이되 파도가 언덕 같이 일어서고 큰 물이 바다 가운데 엉기니이다 원수가 말하기를 내가 뒤쫓아 따라잡아 탈취물을 나누리라, 내가 그들로 말미암아 내 욕망을 채우리라, 내가 내 칼을 빼리니 내 손이 그들을 멸하리라 하였으나 주께서 바람을 일으키시매 바다가 그들을 덮으니 그들이 거센 물에 납 같이 잠겼나이다 여호와여 신 중에 주와 같은 자가 누구니이까 주와 같이 거룩함으로 영광스러우며 찬송할 만한 위엄이 있으며 기이한 일을 행하는 자가 누구니이까 주께서 오른손을 드신즉 땅이 그들을 삼켰나이다 주의 인자하심으로 주께서 구속하신 백성을 인도하시되 주의 힘으로 그들을 주의 거룩한 처소에 들어가게 하시나이다 여러 나라가 듣고 떨며 블레셋 주민이 두려움에 잡히며 에돔 두령들이 놀라고 모압 영웅이 떨림에 잡히며 가나안 주민이 다 낙담하나이다 놀람과 두려움이 그들에게 임하매 주의 팔이 크므로 그들이 돌 같이 침묵하였사오니 여호와여 주의 백성이 통과하기까지 곧 주께서 사신 백성이 통과하기까지였나이다 주께서 백성을 인도하사 그들을 주의 기업의 산에 심으시리이다 여호와여 이는 주의 처소를 삼으시려고 예비하신 것이라 주여 이것이 주의 손으로 세우신 성소로소이다 여호와께서 영원무궁 하도록 다스리시도다 하였더라"_출15:1-18

모세의 노래는 홍해를 건너게 하시고, 뒤 쫓아 오던 바로의 군대로부터 이스라엘을 구원하신 하나님의 은혜에 감사드리는 노래였다. 모세의 노래가 구약성경에 나오는 것이지 구약성경을 비유한 것은 아니다. 모세의 노래는 구원을 베푸신 하나님을 찬양하는 노래였다. 그렇다면 모세와 이스라엘 백성들이 불렀던 노래가 요한계시록에 등장하는 일곱 교회와 무슨 상관이 있는가? 일곱 교회는 로마제국이라는 이집트(애굽)의 지배를 받았다. 교회들은 끊임없이 탄식하는 가운데 기도를 하나님께 드렸다. 마치 이집트에서 노예로 살던 이스라엘 백성들이 부르짖던 고통의 소리가 하나님께 들린 것과 같다. 로마는 황제 숭배를 강요하면서 교회를 핍박했다. 이런 고통과 고난 가운데 있던 교회들에게 소망을 주시기 위해 요한에게 계시를 보여 주셨다. 바로 요한계시록이다. 구약시대에 이스라엘 백성들이 하나님의 능력과 은혜로 출애굽을 한 것처럼 로마의 통치하에 신음하는 교회들도 새 하늘과 새 땅으로 출애굽하게 될 것을 하나님은 약속하셨다. 그래서 요한계시록은 출애굽 사건을 중요하게 다루고 있는 것이다. 우리는 교회에서 출애굽기의 내용을 담은 복음성가를 부른다.

보라 너희는 두려워 말고 보라 너희를 인도한 나를
보라 너희는 지치지 말고 보라 너희를 구원한 나를
너희를 치던 적은 어디 있느냐
너희를 억누르던 원수는 어디 있느냐
보라 하나님 구원을 보라 하나님 능력을
너희를 위해서 싸우시는 주의 손을 보라
보라 하나님 구원을 보라 하나님 능력을
너희를 위해서 싸우시는 주의 손을 보라

모세의 노래가 구원에 대한 감사의 노래라면 어린 양의 노래는 무엇일까? 신천지에서 말하는 신약을 말하는 것일까?

"그 어린 양이 나아와서 보좌에 앉으신 이의 오른손에서 두루마리를 취하시니라 그 두루마리를 취하시매 네 생물과 이십사 장로들이 그 어린 양 앞에 엎드려 각각 거문고와 향이 가득한 금 대접을 가졌으니 이 향은 성도의 기도들이라 그들이 새 노래를 불러 이르되 두루마리를 가지시고 그 인봉을 떼기에 합당하시도다 일찍이 죽임을 당하사 각 족속과 방언과 백성과 나라 가운데에서 사람들을 피로 사서 하나님께 드리시고 그들로 우리 하나님 앞에서 나라와 제사장들을 삼으셨으니 그들이 땅에서 왕 노릇 하리로다 하더라"__계5:7-10

어린 양의 노래는 예수 그리스도를 찬양하는 노래다. 그 이유는 무엇일까? 죽임 당한 어린 양, 즉 예수님은 십자가 위에서 사람들의 죄를 담당하셨다. 왜 예수님은 십자가를 지셨는가? 모든 사람들의 죄를 담당하시고, 그들을 구원하기 위해서였다. 구원받은 모든 사람들은 어린 양이신 예수님을 찬송한다. 그런데 그 찬송의 내용은 죄인 된 우리를 구원하신 은혜에 감사드리는 것이다. 우리는 교회에서 이런 복음성가를 부른다.

> 어린 양 찬양 우리 죄 위해 죽으신 주님
> 또 죽음에서 부활하신 영원하신 주 할렐루야
> 어린양 찬양 오직 그 이름 송축하리라
> 모두 무릎 꿇고 경배하며 외치리 할렐루야
> 그는 주 그는 주 그는 주 그는 주
> 그는 주 그는 주 그는 주

그런데 요한계시록 5장은 어린 양을 찬양하는 노래를 새 노래라고 부른다. 다른 말로 표현한다면 죄인 된 우리를 죄에서 구원하신 것에 대한 감사와 감격의 노래다.

> "또 내가 보니 보라 어린 양이 시온 산에 섰고 그와 함께 십사만 사천이 서 있는데 그들의 이마에는 어린 양의 이름과 그 아버지의 이름을 쓴 것이 있더라 내가 하늘에서 나는 소리를 들으니 많은 물소리와도 같고 큰 우렛소리와도 같은데 내가 들은 소리는 거문고 타는 자들이 그 거문고를 타는 것 같더라 그들이 보좌 앞과 네 생물과 장로들 앞에서 새 노래를 부르니 땅에서 속량함을 받은 십사만 사천 밖에는 능히 이 노래를 배울 자가 없더라"_계14:1-3

'땅에서 속량함을 받은 십사만 사천'은 누구인가? 요한계시록 7장의 십사만 사천은 지상에서 영적전쟁을 싸워야 하는 교회를 상징한다. 결국 이들은 모든 싸움을 마치게 되면 어떻게 되는가? 그들은 하나님의 보좌 앞 즉 시온 산에 서는 승리한 십사만 사천이 된다. 요한계시록 14장은 모든 싸움을 마치고 하나님 보좌 앞에선 교회를 어린 양과 함께 시온 산에 선 십사만 사천으로 소개하고 있다. 즉 지상에서는 영적 전쟁을 싸우는 교회였다면, 모든 싸움을 마친 교회는 하나님 앞에 승리한 교회로 서게 될 것이다. 그들은 자신들에게 승리를 주신 하나님의 은혜를 찬송한다. 요한계시록에서는 이 찬송을 새 노래라고 말한다. 그런데 새 노래를 부를 수 있는 사람은 땅에서 속량함을 받은 사람들이다. 즉 하나님의 은혜로 구원받은 하나님의 백성 즉 교회가 부르는 새 노래다. 모세의 노래, 어린 양의 노래, 새 노래는 신천지에서 말하는 것처럼 구약, 신약 그리고 요한계시록이 아니다. 모세의 노래, 어린 양의 노래, 새 노래는 우리를 구원하신 하나님과 예수님의 은혜를 찬양하는 노래를 뜻한다.

26 증거 장막의 성전

충청북도 진천에서 청소년 연합캠프가 있었다. 강의 준비를 위해 방송실에 올라갔다. 방송실을 담당하는 여자 청년이 있었다. 강의에 필요한 영상을 점검하고 일어나려는 순간, 그 청년은 내게 질문했다. "목사님, 저는 학생부 교사입니다. 저희 고모가 신천지에 빠져 있습니다. 고모부는 교회 장로님이신데, 고모가 신천지에 빠진 후, 이혼 직전까지 갔습니다. 어떻게 해야 합니까? 도대체 신천지가 뭔가요?" 나는 여자 청년에게 질문했다. "혹시 세칭 신천지의 공식 명칭이 무엇인지 아세요? 신천지의 공식 명칭은 신천지 예수교 증거장막성전입니다. 그렇다면 신천지가 무엇일까요?" 여자 청년은 대답하지 못했다. 그 때 깨달았다. 한국 대다수 정통교회 문 앞에 신천지 신도의 입장을 불허하는 내용을 붙여 놓았다. 교회 신자들은 이단 신천지에 대해서 많이 들었다. 그런데 정작 신천지의 뜻을 모르는 사람이 생각보다 많다는 것을 알게 되었다. 그래서 여자 청년에게 성경을 펼쳐서 설명을 해 주었다.

"또 내가 새 하늘과 새 땅을 보니 처음 하늘과 처음 땅이 없어졌고 바다도 다시 있지 않더라"__계21:1

신천지란 요한계시록에서 말하는 '새 하늘과 새 땅'을 말한다. '새 하늘', '새 땅'을 한자로 표기하면 '신천新天', '신지新地', 이를 줄이면 '신천지新天地'가 된다. 즉 하나님의 보좌와 어린 양이 계신 하늘 즉 천국을 뜻한다. 나는 그 날 이후로 초등학생도 이해할 수 있는 설명을 해야겠다고 다짐했다. 평상시에 이런 정도는 알 것이라고 착각하지 말고, 기본적인 것부터 점검, 확인하면서 이단예방교육을 해야겠다고 결심했다.

오랜 숙원 중 하나였던 전남대학교 동아리방이 생겼다. 캠퍼스 선교단체는 학교에 정식 동아리로 등록되는 것이 매우 중요하다. 또한 동아리방을 배정 받는다는 것 또한 큰 의미가 있다. 동아리연합회 회장의 안내로 우리가 사용하게 될 동아리방으로 갔다. 나는 많은 도움을 준 동아리연합회 회장에게 고맙다고 말했다. 동아리연합회 회장과 대화를 하면서 그가 과거 신천지에서 육 개월 동안 성경공부 했다는 것을 알게 되었다. 나는 그에게 질문했다. "신천지에서 말하는 증거장막성전이 무슨 뜻인지 아세요?" 동아리연합회 회장은 잘 모르겠다고 말했다. 사실 나도 요한계시록을 연구하기 전까지 증거장막성전이 무엇인지 알지 못했다. 그렇다면 내가 만난 동아리연합회 회장만 모르는 것일까? 내 경험으로는 그렇지 않다. 이단예방세미나를 인도할 때면 성도들에게 질문한다. "그래도 새 하늘과 새 땅 즉 신천지가 무엇인지 성도들 대다수가 알고 있는 것 같습니다. 그렇다면 증거장막성전은 무슨 뜻일까요? 나는 그 뜻이 무엇인지 잘 모르겠다고 생각하시면 손을 들어보세요." 소수의 몇 사람을 제외하고는 모든 성도들이 손을 든다. 나는 성도들에게 이렇게 말한다. "지금까지는 증거장막성전이 무엇인지 몰라도 괜찮습니다. 오늘은 제가 선생님이고, 여기 계신 성도님들은 학생이니까 얼마든지 틀린다고, 모른다고 문제가 되지 않습니다. 이 시간을 통해 잘못 알고 있었던 것은 바르게 알면 됩니다. 또 모르는 것은 배워서 알면 됩니다. 요한계시록을 모르면 구원받지 못한다고 주장하는 이단들에게 미혹 당하지 않기를 바랍니다." 이 책을 읽는 독자들에게도 똑같은 질문을 하고 싶다. 증거장막성전이 무엇이라고 생각하는가?

> "또 이 일 후에 내가 보니 하늘에 증거 장막의 성전이 열리며 일곱 재앙을 가진 일곱 천사가 성전으로부터 나와 맑고 빛난 세마포 옷을 입고 가슴에 금띠를 띠고 네 생물 중의 하나가 영원토록 살아 계신 하나님의 진노를 가득히 담은 금 대접 일곱을 그 일곱 천사들에게 주니 하나님의 영광과 능력으로 말미암아 성전에 연기가 가득 차매 일곱 천사의 일곱 재앙이 마치기까지는 성전에 능히 들어갈 자가 없더라"__계15:5-8

신천지는 증거장막성전이라고 하지만 이것은 틀린 말이다. 요한계시록은 '증거 장막의 성전'이라고 기록되어 있다. 혹시 이 책을 읽는 독자 중에 이 말이 우습다고 생각하는 사람이 있을지 모르겠지만 결코 그렇지 않다. 원어 성경에 '호 나오스 테스 스케네스 투 마르튀리우'라고 기록되어 있다. 직역을 하면 '증거의 장막의 성전'이다. 그런데 '테스'는 동격을 말하는 소유격이다. 그래서 우리말로 번역하면 '성전 즉 증거의 장막'이다. 신천지는 다음과 같은 주장을 하면서 근거가 되는 성경 구절을 제시한다. "계시록을 가감하면 천국에 가지 못하고 지옥 간다.계22:18-19 가감했는지 안 했는지 자신에게 물어보라!" 그리고 가감하는 자들은 지옥에 간다는 근거구절을 다음과 같이 제시한다.

> "내가 이 두루마리의 예언의 말씀을 듣는 모든 사람에게 증언하노니 만일 누구든지 이것들 외에 더하면 하나님이 이 두루마리에 기록된 재앙들을 그에게 더하실 것이요 만일 누구든지 이 두루마리의 예언의 말씀에서 제하여 버리면 하나님이 이 두루마리에 기록된 생명나무와 및 거룩한 성에 참여함을 제하여 버리시리라"__계22:18-19

신천지는 신자들을 미혹할 때, 주기도문의 '대개'를 문제 삼는다. 한글 성경에 '대개'가 없는데 이것을 넣어 기도하는 것은 하나님의 말씀을 더하는 행위라고 말한다. 결국 '대개'를 넣어 기도하는 자들은 말씀에서 기록한 모든 재앙들을 받게 된다고 억지를 쓴다. 그렇게 본다면 신천지는 하나님의 말씀을 뺀 자들이다. 그리고 그들의 말대로 말씀을 뺀 자들이기 때문에 신천지 모든 추종자들은 지옥에 가게 된다. 요한계시록에는 '증거장막성전'이 아니라 '증거 장막의 성전'이기 때문이다. 우스운 일이 아닌가!

두 주먹을 불끈 쥐고 따라서 해 보길 바란다. "성전 즉 증거의 장막", "성전 즉 증거의 장막", "성전 즉 증거의 장막". 사도 요한은 하나님께서 계시는 성전을 증거의 장막이라고 표현했다. 그렇다면 증거의 장막이란 무엇일까? 쉽게 말하면 구약 성경에 나오는 성막을 뜻한다.

하나님은 이스라엘의 지도자 모세에게 성막을 만들도록 지시하셨다. 그런데 모세는 성막을 증거의 장막이라고 표현했다.

"모세가 그 지팡이들을 증거의 장막 안 여호와 앞에 두었더라"_민17:3

"너는 네 형제 레위 지파 곧 네 조상의 지파를 데려다가 너와 함께 있게 하여 너와 네 아들들이 증거의 장막 앞에 있을 때 그들이 너를 돕게 하라"_민18:2

민수기를 보면 증거 앞에 1)이라고 각주가 붙어있다. 아래를 보면 1)법궤라고 쓰여 있다. 즉 하나님의 법궤가 모셔 있는 성막을 지칭하는 말이다. 이 후에 성소는 다윗과 솔로몬 왕에 의해 성전이 되었다. 요한에게 보여주신 하나님의 보좌가 있는 하늘은 거룩한 하나님이 계신 성전이다. 그 성전에 계신 하나님께서는 세상의 역사를 다스리시고 통치하신다. 그리고 하나님은 하나님의 법에 근거해서 선인善人과 악인惡人을 심판하신다. 특별히 요한계시록에서는 하나님의 택하신 백성 즉 교회는 하늘 성전에 계시는 하나님의 보호와 인도를 받는다고 말씀하고 있다. 마치 '증거의 장막'의 배경이 되는 모세 오경의 출애굽 사건과 비슷하다. 로마제국의 핍박을 받는 하나님의 교회는 로마로부터 하나님의 보좌가 있는 천국으로 출애굽하게 될 것이다. 그러나 하나님의 교회를 대적하고 핍박하는 모든 사람들은 일곱 인, 일곱 나팔 그리고 일곱 대접이라고 하는 하나님의 심판을 피할 수 없다. 마치 이집트의 바로 왕이 하나님을 대적하다가 열 가지 재앙을 받은 것처럼, 로마제국의 운명도 하나님의 큰 심판을 피할 수 없다는 것을 말씀하셨다. 이것이 요한계시록이 고난 가운데 있는 교회들에게 보내는 메시지다. 그래서 소망 가운데 인내하고 죽도록 충성하라는 말씀이 요한계시록의 핵심이다.

27 어린 양의 혼인잔치

자리에서 모두 일어났다. 전국에서 모인 대학생들의 얼굴에는 수련회에 대한 기쁨과 기대가 가득해 보였다. 수련회 시작은 찬양과 함께 시작되었다. "이 시간 마음 문을 활짝 열고, 율동하면서 하나님을 찬양합시다. 할렐루야." 흥겨운 반주와 함께 찬양이 울려 퍼졌다.

> 우리 함께 기뻐해 주게 영광 돌리세
> 어린 양의 혼인 잔치와 신부가 준비 되었네
> 할렐루야 전능하신 주가 다스리네
> 할렐루야 전능하신 주가 다스리네
> 할렐루야 전능하신 주가 다스리네
> 할렐루야 전능하신주가 다스리네

요한계시록은 고난 받는 교회들에게 하늘 소망을 바라보도록 하는 말씀이다. 특별히 요한계시록 19장에 나오는 어린 양의 혼인잔치는 지상에서 영적 전쟁을 싸운 교회들에게 천국에서 누리게 될 기쁨이 무엇인지 상징적으로 보여준다.

"또 내가 들으니 허다한 무리의 음성과도 같고 많은 물소리와도 같고 큰 우렛소리와도 같은 소리로 이르되 할렐루야 주 우리 하나님 곧 전능하신 이가 통치하시도다 우리가 즐거워하고 크게 기뻐하며 그에게 영광을 돌리세 어린 양의 혼인 기약이 이르렀고 그의 아내가 자신을 준비하였으므로 그에게 빛나고 깨끗한 세마포 옷을 입도록 허락하셨으니 이 세마포 옷은 성도들의 옳은 행실이로다 하더라 천사가 내게 말하기를 기록하라 어린 양의 혼인 잔치에 청함을 받은 자들은 복이 있도다 하고 또 내게 말하되 이것은 하나님의 참되신 말씀이라 하기로 내가 그 발 앞에 엎드려 경배하려 하니 그가 나에게 말하기를 나는 너와 및 예수의 증언을 받은 네 형제들과 같이 된 종이니 삼가 그리하지 말고 오직 하나님께 경배하라 예수의 증언은 예언의 영이라 하더라"_계19:6-10

결혼식에 참석 해 본 경험이 있을 것이다. 결혼식에 가장 중요한 사람들을 뽑는다면 신랑, 신부 그리고 하객이다. 그렇다면 요한계시록에서 말씀하고 있는 어린 양의 혼인잔치는 누구의 결혼식일까? 일단 신랑은 어린 양이신 예수 그리스도를 상징하는 것이다. 그렇다면 지상에서 영적 전쟁을 치열하게 싸우고 인내하면서 죽도록 충성한 하나님의 교회는 어린 양의 혼인 잔치에 어떤 자격으로 참석하게 될까? 일번 어린 양의 신부, 이번 하객. 둘 중에 어떤 신분으로 어린 양의 혼인 잔치에 참여하게 될 것인가? 이 책을 읽는 독자인 당신이 먼저 답해 보길 바란다.

첫째, 교회는 어린 양의 혼인 잔치에 예수 그리스도의 신부로 참석하게 될 것이다. 그런데 이것은 상징이다. 어린 양의 아내는 빛나고 깨끗한 세마포 옷을 입는다. 그런데 자신이 만들거나 또는 구입해서 입는 것이 아니다. 신랑인 어린 양이 준비해서 선물로 신부에게 준 것이다. 성도들은 예수 그리스도의 은혜로 신부가 되었고, 그리스도의 은혜에 대한 보답으로서 거룩한 행실을 가지는 것이다. 그리스도인들은 하나님께서 능력을 주시기 때문에 옳은 행실을 할 수 있다. 요한계시록은 교회가 어떻게 해야 구원을 잃을 수 있다고 말할까? 이단들처럼 요한계시록에 숨겨진 비밀을 알 때 구원을 받을 수 있을까? 영적인 비밀 즉 영지靈知를 추구하는 자가 천국에 가는 것일까? 요한계시록은 그렇게 말씀하지 않는다. 하나님과 어린 양이신 예수 그리스도의 은혜로 구원받는다고 가르친다. 요한계시록은 하나님과 어린 양이 베푸시는 선물로서의 구원과 동시에 부름 받는 교회의 책임성을 가르치고 있다.

> "큰 소리로 외쳐 이르되 구원하심이 보좌에 앉으사 우리 하나님과 어린 양에게 있도다 하니 모든 천사가 보좌와 장로들과 네 생물의 주위에 서 있다가 보좌 앞에 엎드려 얼굴을 대고 하나님께 경배하여 이르되 아멘 찬송과 영광과 지혜와 감사와 존귀와 권능과 힘이 우리 하나님께 세세토록 있을지어다 아멘 하더라"__계7:10-12

둘째, 교회는 어린 양의 혼인 잔치에 참석하도록 청함을 받은 하객이다. 이 또한 어린 양의 신부가 상징인 것처럼 하객 역시 상징적 표현이다. 요한계시록 19장 9절은 다음과 같이 말씀하고 있다.

> "천사가 내게 말하기를 기록하라 어린 양의 혼인 잔치에 청함을 받은 자들은 복이 있도다 하고 또 내게 말하되 이것은 하나님의 참되신 말씀이라 하기로"__계19:9

청함을 받은 자들은 누구인가? 그들은 하나님의 백성 즉 교회를 상징한다. 방금 전까지는 어린 양이신 예수 그리스도의 신부로 소개되었지만, 여기에서는 혼인 잔치에 초청된 하객으로 말하고 있다. 예수님도 비유 말씀을 통해 신자들을 혼인 잔치의 하객으로 비유하셨다.

"예수께서 다시 비유로 대답하여 이르시되 천국은 마치 자기 아들을 위하여 혼인 잔치를 베푼 어떤 임금과 같으니 그 종들을 보내어 그 청한 사람들을 혼인 잔치에 오라 하였더니 오기를 싫어하거늘 다시 다른 종들을 보내며 이르되 청한 사람들에게 이르기를 내가 오찬을 준비하되 나의 소와 살진 짐승을 잡고 모든 것을 갖추었으니 혼인 잔치에 오소서 하라 하였더니 그들이 돌아보지도 않고 한 사람은 자기 밭으로, 한 사람은 자기 사업하러 가고 그 남은 자들은 종들을 잡아 모욕하고 죽이니 임금이 노하여 군대를 보내어 그 살인한 자들을 진멸하고 그 동네를 불사르고 이에 종들에게 이르되 혼인 잔치는 준비되었으나 청한 사람들은 합당하지 아니하니 네거리 길에 가서 사람을 만나는 대로 혼인 잔치에 청하여 오라 한 대 종들이 길에 나가 악한 자나 선한 자나 만나는 대로 모두 데려오니 혼인 잔치에 손님들이 가득한지라 임금이 손님들을 보러 들어올 새 거기서 예복을 입지 않은 한 사람을 보고 이르되 친구여 어찌하여 예복을 입지 않고 여기 들어왔느냐 하니 그가 아무 말도 못하거늘 임금이 사환들에게 말하되 그 손발을 묶어 바깥 어두운 데에 내던지라 거기서 슬피 울며 이를 갈게 되리라 하니라 청함을 받은 자는 많되 택함을 입은 자는 적으니라"_마22:1-14

그래서 요한계시록을 문자적으로만 해석하지 못할 이유가 여기에 있다. 이와 비슷한 표현이 요한계시록에 또 있다. 요한계시록 5장에는 예수 그리스도를 동물로 비유하였다. 하나는 사자고, 다른 하나는 어린 양이다.

"장로 중의 한 사람이 내게 말하되 울지 말라 유대 지파의 사자 다윗의 뿌리가 이겼으니 그 두루마리와 그 일곱 인을 떼시리라 히더라 내가 또 보니 보좌와 네 생물과 장로들 사이에 한 어린 양이 서 있는데 일찍이 죽임을 당한 것

> 같더라 그에게 일곱 뿔과 일곱 눈이 있으니 이 눈들은 온 땅에 보내심을 받은 하나님의 일곱 영이더라"_계5:5-6

어떻게 어린 양이 사자가 될 수 있는가? 그럴 수 없다. 또 어떻게 신부이면서 하객이 될 수 있는가? 이것 역시 현실에서는 불가능한 일이다. 그래서 요한계시록을 읽고 해석할 때 어린 양의 신부, 어린 양의 혼인 잔치에 참석하는 하객이 갖는 상징적 의미를 찾아야 하는 것이다. 결혼이란 무엇인가? 신랑과 신부가 완전한 연합을 이루는 것이다.

> "이러므로 남자가 부모를 떠나 그의 아내와 합하여 둘이 한 몸을 이룰지로다"_창2:24

하객들은 신랑과 신부의 결혼을 마음껏 축하하고, 잔치에 초대 받은 것을 감사한다. 어린 양의 신부, 혼인 잔치에 청함을 받은 하객은 예수님과 완전한 연합 그리고 구별된 거룩한 삶을 사는 교회를 상징한다. 그렇다면 요한계시록에서 신부의 반대되는 개념은 무엇일까? 바로 음녀다. 음녀는 누구인가? 교회를 미혹하는 거짓 교사들과 우상 숭배자들을 뜻한다. 요한계시록은 음녀의 최후 모습을 말하고 있다. 음녀는 누구에게 망하게 될까? 놀라운 것은 같은 편인 줄로 알았던 짐승에게 비참한 모습으로 망하게 된다. 더 이상 짐승에게 필요가 없어지니까 음녀는 버림을 받고, 배신을 당해 망하게 되는 것이다. 이것이 마귀의 특징이다. 그러나 어린 양이신 예수님은 결코 자기의 신부 즉 교회를 버리지 않으신다. 이것이 고난 중에도 인내하는 교회가 붙들 수 있는 소망이다.

"그 여자는 자주 빛과 붉은 빛 옷을 입고 금과 보석과 진주로 꾸미고 손에 금 잔을 가졌는데 가증한 물건과 그의 음행의 더러운 것들이 가득하더라 그의 이마에 이름이 기록되었으니 비밀이라, 큰 바벨론이라, 땅의 음녀들과 가증한 것들의 어미라 하였더라"_계17:5

"또 천사가 내게 말하되 네가 본바 음녀가 앉아 있는 물은 백성과 무리와 열국과 방언들이니라 네가 본 바 이 열 뿔과 짐승은 음녀를 미워하여 망하게 하고 벌거벗게 하고 그의 살을 먹고 불로 아주 사르리라 이는 하나님이 자기 뜻대로 할 마음을 그들에게 주사 한 뜻을 이루게 하시고 그들의 나라를 그 짐승에게 주게 하시되 하나님의 말씀이 응하기까지 하심이라 또 네가 본 그 여자는 땅의 왕들을 다스리는 큰 성이라 하더라"_계17:15-18

요한계시록은 교회의 중요성을 강조하면서, 교회는 어린 양의 신부이면서 동시에 하객으로 표현하고 있다.

혹시 '주님의 거룩한 신부되기 운동'이라는 말을 들어 본 적이 있는가? 일명 '신부운동'이라고 한다. 이들의 특징은 이 시대 교회들을 향해 '바람피우는 신부'라고 말한다. 더 심하게 말하는 사람들은 이 시대 모든 교회가 썩었다고 거친 독설을 내 뱉는다. 결국 자신들 외에는 새로운 대안이 없는 것처럼 설교를 한다. 자신들의 표현대로 구별됐다는 것을 보여 주기라도 하듯이 기도와 윤리적 거룩을 강조한다. 그런데 그것이 지나쳐서 다른 교회들을 비판하면서 자신들을 이 시대에 하나님께서 특별히 구별하여 세웠다고 주장한다. 당연히 그들은 기성교회들보다 우월하다는 엘리트 의식에 빠지게 된다.

그들의 또 한 가지 특징은 오늘날에도 사도가 있고, 선지자가 있다고 주장한다. 소위 말하는 직통계시를 받는다고 하면서, 마치 직통계시를 받아 설교를 하기 때문에 성령이 직접 말씀하시는 것처럼 신도들에게 설교한다. 사실 나와 오랜 교제를 갖고 있었던 목사님이 있다. 그는 나를 아껴줬고, 캠퍼스 선교사역을 하는 내게 큰 힘이 되었다. 그런데 어느 날 함께 식사를 하는데 이런 말을 했다. "선교사님, 우리는 주님의 거룩한 신부가 되어야 합니다. 이 시대 교회는 바람피우는 신부가 되었습니다. 이 시대에도 하나님이 세우시는 사도가 있고, 선지자들이 있습니다. 선교사님은 이단예방사역을 하고 있는데, 하나님이 세우신 사도입니다. 그리고 저는 하나님이 세우신 선지자입니다." 이 말을 듣고 마음이 무거웠다. 그 목사님의 말을 받아들일 수 없었기 때문이다. 나는 '거룩한 주님의 신부되기 운동'에 대해 그 때부터 관심 있게 지켜보았다. 요한계시록을 근거로 교회가 예수 그리스도의 신부라는 것은 분명하다. 이를 바탕으로 '거룩한 신부되기 운동'을 벌일 수 있다고 생각한다. 그러나 그것만 주장해서는 안 된다. 어린 양의 신부는 어린 양의 혼인 잔치에 참석하는 하객도 된다고 요한계시록은 상징적으로 말하고 있다. '거룩한 하객 되기 운동'도 같이 벌여야 할 것이다. 그래야만 균형을 유지할 수 있다. 그러나 많은 경우 이단들과 이단성이 있는 집단으로 지목되는 단체들의 특징은 신앙생활의 균형을 상실한 경우가 대부분이다. 특히 말씀의 한쪽 면만을 고집하는 특징이 있다. 동東이 있으면 서西가 있고, 남南이 있으면 북北이 있다. 한 쪽만, 어느 한 부분만 지나치게 강조해서 성경과 신앙생활 전부를 해석하고 적용하려는 태도는 반드시 문제를 일으킨다.

이단에 대한 주의도 마찬가지다. 현재 한국 교회를 가장 어지럽히는 세칭 신천지에 대한 관심이 많아졌다. 필요한 일이다. 그러나 신천지만 몰두하다보면 다른 이단들에게 노출되어 미혹당하기 쉽다. 교회 역사에 귀 기울여야 할 때다. 손할례당과 같은 율법주의 이단이 있으면 니골라 당과 같은 무無율법주의반(反)율법주의 이단도 있다. 또한 영적인 지식과 비밀을 강조하는 영지주의 이단이 있다면 기적과 신비로운 경험을 강조하는 신비주의 이단도 있다. 해 아래 새 것이 어디 있겠는가. 오늘날에도 이런 다양한 이단들이 우리 주변에서 성도들을 미혹하기 위해 도사리고 있다. 최선의 방법은 예방을 통해 대처하고, 예수님께서 말씀하신 것처럼 주의하는 신앙을 잃지 않도록 말씀과 기도로 깨어 있어야 할 것이다.

28 성령과 신부

태풍이 전국을 강타했다. 강한 바람에 유리창이 깨지지 않도록 테이프를 붙였다. 급기야 폭우가 쏟아졌다. 아이들이 다니는 학교는 모두 휴교령을 내렸다. 정말 밖에 나갈 엄두가 나지 않았다. 그래서 나는 거실에서 뉴스를 시청하고 있었다. 잠시 후, 누군가 밖에서 대문을 두드렸다. 택배 물건이 온 줄 알고 문을 열었다. 택배 기사가 아니었다. 두 명의 젊은 여자들이었다. 전해 줄 복음이 있다고 하면서 소책자를 내게 주었다. 문을 닫고 소책자를 펼쳐보았다. 세칭 하나님의 교회, 안상홍증인회에서 나온 사람들이었다. 나는 대단하다는 말 밖에 나오지 않았다. 태풍에 무슨 일이 생길 지도 모르는데, 아파트 전체를 돌아다니면서 포교 활동 하는 것이 대단해 보였다. 소책자의 제목은 '약속'이었다. 내용을 보니 이렇게 쓰여 있었다. "언론과 과학자들에 의해 끊임없이 예고되고 있는 지구의 대재앙들. 내일을 예측할 수 없는 오늘의 현실에서 과연 안전지대는 없는 것일까?" 전 세계에 일어나는 기상이변, 테러와 분쟁, 지진과 기근 그리고 핵문제 등 인류를 위협하는 일들을 말하고 있었다. 결국 이런 재앙으로부터 구원 받을 수 있는 하나님의 약속이 유월절이라고 주장하고 있었다. "유월절로 정하신 하나님의 약속, 유월절을 믿지 않은 사람들의 결과, 변치 않는 하나님의 약속, 유월절, 당신에게 꼭 필요한 유월절"이라는 소제목으로 유월절을 알고 지킬 때 하나님의 구원을 받을 수 있다고 말했다.

하나님의 교회는 유월절이 재앙에서 구원받을 수 있는 하나님의 약속이라고 자신들의 신도들에게 가르치고 있다. 더 나아가 정통교회 신자들을 미혹할 때도 유월절을 알고 지킬 때 구원을 얻을 수 있다고 주장한다. 그러나 성경은 그 어디에도 유월절을 지켜야 구원받을 수 있다고 말하지 않는다. 하나님의 말씀은 분명하다. 하나님의 은혜와 예수 그리스도를 신뢰하는 믿음으로 구원을 받는다.

"그들을 데리고 나가 이르되 선생들이여 내가 어떻게 하여야 구원을 받으리이까 하거늘 이르되 주 예수를 믿으라 그리하면 너와 네 집이 구원을 받으리라 하고 주의 말씀을 그 사람과 그 집에 있는 모든 사람에게 전하더라"_행 16:30-32

"허물로 죽은 우리를 그리스도와 함께 살리셨고 너희는 은혜로 구원을 받은 것이라 또 함께 일으키사 그리스도 예수 안에서 함께 하늘에 앉히시니 이는 그리스도 예수 안에서 우리에게 자비하심으로써 그 은혜의 지극히 풍성함을 오는 여러 세대에 나타내려 하심이라 너희는 그 은혜에 의하여 믿음으로 말미암아 구원을 받았으니 이것은 너희에게서 난 것이 아니요 하나님의 선물이라 행위에서 난 것이 아니니 이는 누구든지 자랑하지 못하게 함이라"_엡2:5-9

이들의 또 다른 주장은 자신들을 어머니 하나님을 섬기는 사람들이라고 말한다. "하늘 어머니, 성경이 증거 하는 새 예루살렘 하늘 어머니. 엘로힘이란 '하나님들' 이라는 뜻으로 단수로서의 하나님이 아닌 둘 이상의 하나님을 말하는 것으로 아버지 하나님과 어머니 하나님을 알려주고 있습니다. 하나님의 교회 세계복음선교협회는 아버지 하나님과 어머니 하나님을 구원자로 영접하였습니다." 이런 허무맹랑한 주장을 하면서 인용하는 성경구절이 요한계시록이다.

"성령과 신부가 말씀하시기를 오라 하시는도다 듣는 자도 오라 할 것이요 목마른 자도 올 것이요 또 원하는 자는 값없이 생명수를 받으라 하시더라"__계22:17

요한계시록 22장에서 말하는 성령과 신부는 누구일까? 하나님의 교회, 안상홍증인회는 성령은 아버지 하나님, 신부는 어머니 하나님을 뜻한다고 주장한다. 정말 이런 주장이 옳은 것일까? 이들의 주장은 잘못된 것이다. 그렇다면 요한계시록 22장에 나오는 신부는 누구인가? 그렇다. 신부는 어린 양의 아내다.

"우리가 즐거워하고 크게 기뻐하며 그에게 영광을 돌리세 어린 양의 혼인 기약이 이르렀고 그의 아내가 자신을 준비하였으므로 그에게 빛나고 깨끗한 세마포 옷을 입도록 허락하셨으니 이 세마포 옷은 성도들의 옳은 행실이로다 하더라"__계19:7-8

"또 내가 보매 거룩한 성 새 예루살렘이 하나님께로부터 하늘에서 내려오니 그 준비한 것이 신부가 남편을 위하여 단장한 것 같더라 내가 들으니 보좌에서 큰 음성이 나서 이르되 보라 하나님의 장막이 사람들과 함께 있으매 하나님이 그들과 함께 계시리니 그들은 하나님의 백성이 되고 하나님은 친히 그들과 함께 계셔서 모든 눈물을 그 눈에서 닦아 주시니 다시는 사망이 없고 애통하는 것이나 곡하는 것이나 아픈 것이 다시 있지 아니하리니 처음 것들이 다 지나갔음이러라"__계21:2-4

"일곱 대접을 가지고 마지막 일곱 재앙을 담은 일곱 천사 중 하나가 나아와서 내게 말하여 이르되 이리 오라 내가 신부 곧 어린 양의 아내를 네게 보이리라 하고 성령으로 나를 데리고 크고 높은 산으로 올라가 하나님께로부터 하늘에서 내려오는 거룩한 성 예루살렘을 보이니 하나님의 영광이 있어 그 성의 빛이 지극히 귀한 보석 같고 벽옥과 수정 같이 맑더라"__계21:9-11

어린 양의 신부는 성도 즉 하나님의 백성, 교회를 말한다. 그렇다면 거룩한 성 새 예루살렘은 무엇일까? 요한계시록이 쓰였을 당시에 예루살렘 성은 로마에 의해 완전히 파괴되었다. 예루살렘 성 안에서 제일 중요한 것이 있었다. 무엇일까? 그것은 바로 성전이다. 그런데 이스라엘 공동체의 구심점이었던 그 성전까지 로마 군대에 의해 산산이 부서졌다. 예수님은 이런 일이 있을 것이라고 제자들에게 미리 말씀하셨다.

"예수께서 성전에서 나가실 때에 제자 중 하나가 이르되 선생님이여 보소서 이 돌들이 어떠하며 이 건물들이 어떠하니이까 예수께서 이르시되 네가 이 큰 건물들을 보느냐 돌 하나도 돌 위에 남지 않고 다 무너뜨려지리라 하시니라"__막13:1-2

더 이상 화려했던 예루살렘 성과 성전은 지상에 존재하지 않았다. 예루살렘 성은 하나님의 다스리심을 받는 하나님의 백성들이 모여 사는 곳을 상징했다. 또한 성전은 하나님께서 이스라엘을 떠나지 않고 함께 하시겠다는 약속이 있는 거룩한 장소였다. 그런데 요한계시록에 예루살렘 성이 다시 나온다. 이번에는 팔레스타인 땅에 있던 예루살렘 성이 아니라 하나님의 보좌가 있는, 하늘에 있는 새 예루살렘 성이다. 그리고 이 예루살렘 성을 거룩한 성 새 예루살렘이라고 말한다. 거룩한 성 새 예루살렘에는 누가 거할 수 있을까? 바로 하나님의 백성 즉 지상에서 영적 전쟁을 다 싸우고 승리한 성도들이 거하는 곳이다. 너무나 아름다운 새 예루살렘 성은 결국 승리한 하나님의 백성, 교회를 상징하는 것이다. 그러면 왜 어린 양의 신부, 거룩한 새 예루살렘 성의 환상을 보여 주신 것일까? 요한계시록의 말씀을 받은 교회는 로마로부터 극심한 핍박을 받았다. 소망을 품을 수 없는 상황 속에 있던 그들에게 하늘 소망이 얼마나 크고 놀라운 것인지를 보여주었다. 지상에서 고난당하는 교회는 새 하늘과 새 땅에서 어린 양의 신부, 거룩한 성 새 예루살렘이 될 것이다.

그렇다면 왜 성령과 신부가 함께 나오는 것일까? 주님의 교회는 성령이 함께 하신다. 성령이 함께하고 역사하는 교회는 세상 사람들을 구원으로 초청한다. "오시오." 듣는 자, 목마른 자, 원하는 자는 값없이 생명수를 받으라고 사람들을 초대한다. 하나님과 어린 양이신 예수 그리스도께서 베푸시는 구원을 받으라고 신부인 교회는 세상을 향해 복음을 선포한다. 이 놀라운 일을 성령께서 함께 하신다. 그래서 요한계시록은 고난 가운데 있는 교회들에게 소망을 주는 복음인 것이다. 요한계시록의 핵심이 무엇인가? 한마디로 복음이다. 복음은 보좌에 앉으신 하나님과 어린 양이신 예수 그리스도라는 것을 다시 한 번 교회들에게 일깨워준다. 왜 복음을 신뢰하고 믿어야할까? 복음을 통해 구원을 받을 수 있기 때문이다. 구원은 유월절을 알고 지켜야 받는 것이 아니다. 구원은 요한계시록의 비밀을 아는 지식이 있어야 받는 것도 아니다. 성경은 분명하게 말씀하고 있다.

> "큰 소리로 외쳐 이르되 구원하심이 보좌에 앉으신 우리 하나님과 어린 양에게 있도다 하니"__계7:10

이제 이 찬양을 불렀으면 좋겠다. 그리고 찬양과 말씀이 우리들의 가슴에 새겨지길 바란다. 말씀 따로, 찬양 따로 일 수 없다. 하나님의 복음을 향한 무한 열정, 무한도전은 하나님의 말씀을 통해 일어난다. 그 주체할 수 없는 감격은 반드시 찬양으로 고백 될 것이다.

우리 보좌 앞에 모였네
함께 주를 찬양하며
하나님의 사랑 그 아들 주셨네
그의 피로 우린 구원받았네
십자가에서 쏟으신
그 사랑 강 같이 온 땅에 흘러
각 나라와 족속 백성 방언에서
구원받고 주 경배드리네
구원하심이 보좌에 앉으신
우리 하나님과 어린양께 있도다
구원하심이 보좌에 앉으신
우리 하나님과 어린양께 있도다

바른 신앙생활 세미나 안내(이단 세미나)

1. 강사 : 김주원(제자들선교회 광주지구 대표 선교사)

2. 대상 : 1) 청소년
   2) 청년대학부
   3) 교회 장년부
   4) 선교단체
   5) 신학교
   6) 대학채플
   7) 신우회
   8) 주일 오후 또는 저녁예배, 수련회, 제직세미나

3. 강의 특징
   - 영상자료 및 이단교재
   - 홍보물 소개
   - 교회 피해사례 소개
   - 대학가 이단활동 소개
   - 이단별 주요 교리 비판
   - 이단의 분별 및 대처요령

4. 문의
   - 전화 : 02)856-0370 / 010-3599-2972
   - 이메일 : dog-sound71@hanmail.net